• 鄭駜謨教授指導 博士學位 論文 10 •

說文解字翼徵에 관한 硏究

• 鄭駜謨敎授指導 博士學位 論文 10 •

說文解字翼徵에 관한 硏究

김 순 희 著

목　　차

Ⅰ. 緒 論

A. 硏究의 目的 및 意義

본 논문의 연구대상인 『說文解字翼徵』(이하 「翼徵」이라 칭함)은 조선조 실학자인 朴瑄壽의 문자학 저술이다. 지금은 漢字가 널리 通用되지 않지만 『翼徵』이 저작되던 당시만 하더라도 漢字는 한국사회의 전반에 사용되는 대표적 문자였다. 漢字의 형성과 의미정착과정을 고찰하는 文字學은 中國에서 크게 발달하였는데, 조선후기에 『翼徵』과 같은 저술이 등장했다는 것은 주목할만한 일이다.

이 저서의 이름에서 알 수 있듯이 『翼徵』은 『說文解字』(이하 『說文』으로 칭함)의 오류를 수정・보완하기 위하여 집필된 저술이고 저자는 조선후기의 고증학자인 溫齋 朴瑄壽(1823~1899)이다. 그는 『說文』의 가치를 충분히 인정하고 있었지만, 한편으로는 『說文』의 오류를 정확하게 지적해 내기도 했던 뛰어난 문자 학자였다. 朴瑄壽는 『說文』이 오류를 범하게 된 이유를 許愼이 『說文』을 지으면서 古代漢字에 관심을 갖기 않고 前代의 文字인 小篆을 대상으로 하여 문자해설을 시도했기 때문이라고 밝혔다. 따라서 古代漢字의 字形을 고찰해 보면 許愼의 불합리한 문자해설상의 오류가 드러나게 되는 것이다. 이 古代漢字를 간직하고 있는 것이 商・周時代의 청동기 유물이며 청동기 유물에 새겨있는 古代漢字는 最古의 漢字인 甲骨文의 뒤를 이어 쓰이던 漢字로 漢字의 원시형태를 충분히 간직하고 있는 문자이다. 朴瑄壽는 이에 착안하여 이 청동기 유물에 전하는 古代漢

字를 분석하여 許愼의 『說文』이 갖고 있는 오류를 수정하고 보완하기 위해서 『翼徵』을 저술하게 된 것으로 보인다.

『翼徵』은 조선후기에 발달한 고증학의 영향 아래 저술된 것이다. 고증학의 한 분야인 문자학에 대한 저술이지만 중국문자학 상 명저로 알려진 『說文』의 오류를 지적하고 수정한 업적이라는 사실과 그것이 조선의 학자에 의해 이루어졌다는 사실로 인하여 대단히 중요한 의의가 있는 저술로 생각된다.

본 논문의 목적은 朝鮮後期 文字學의 중요한 저술인 『翼徵』을 대상으로 그것의 구성과 문자해설 방식을 밝히고, 이를 바탕으로 許愼의 『說文』 및 淸代 說文學派들의 주요 저술 등과 비교·분석해 봄으로써 『翼徵』의 특징과 가치를 파악하여 그 의의를 부여하는데 있다. 이러한 연구를 통하여 조선후기 문자학의 실상 및 당시의 학문적 수준의 일단을 확인할 수 있을 것이다.

B. 研究의 內容 및 方法

『翼徵』에 대하여는 정선남음[1]이 쓴 개괄적 언급이 있을 뿐 본격적인 연구를 찾아볼 수 없다. 이런 까닭에 본 연구를 진행하는 동안 특별히 참고할 만한 기사가 없었다. 본 논문은 연구의 목적을 달성하기 위하여 다음과 같이 章節을 나누어 고찰하고자 한다.

제1장의 서론에 이어 제Ⅱ장에서는 이 저서가 출현되던 당시의 중국과 한국의 학문적 배경을 관계문헌을 섭렵하여 살펴보고, 아울러 저자 朴瑄壽의 일생과 그의 학문세계를 파악하고, 나아가 『翼徵』의 저작동기 및 저작 년대, 저작목적을 살펴보고자 한다.

---

1) 한국정신문화원편, 『한국민족문화대백과사전』성남음, 한국정신문화원, 1992. V. 12 '說文解字翼徵'條, p. 338.

제Ⅲ장에서는 본 논문의 연구대상인 『翼徵』의 구성체제와 내용에 대하여 분석해보고, 아울러 이 저서에 영향을 준 문헌이나 자료를 살펴보고자 한다.

제Ⅳ장에서는 『翼徵』과 『說文』의 문자해설상의 차이점을 확인하기 위해서 먼저 『說文』의 의의와 가치를 고찰한 다음 두 저서의 구성상의 특징을 비교 분석해 보고자 한다.

Ⅴ장에서는 『說文』을 보완하기 위하여 출간된 清代의 주요 설문저서들과 『翼徵』이 갖고 있는 문자해설상의 차이점을 살펴보고자 하였다.

끝으로 Ⅵ장에서는 朴瑄壽의 논증의 확실성 여부를 확인하기 위해 그가 文字解說의 典據로 삼았던 青銅器 遺物에 새겨진 문자와 그 이전의 原始漢字인 甲骨文을 비교 분석해 보고자 한다. 그리고 이 저서의 학술적 가치 및 의의를 밝히는 한편 이 저서의 位相을 정확하게 자리매김 하고자 하였다.

Ⅱ. 『說文解字翼徵』의 編纂 背景

A. 當時의 學問 傾向

『翼徵』의 면모를 제대로 파악하기 위해서는 『翼徵』의 출현을 가능하게 한 주변사정을 미리 살펴보는 것이 중요하다. 또한 『翼徵』은 설문의 오류를 고증한 문자학 전문학술서이므로 출간당시의 학문적 배경을 고찰하는 것이 필요하다. 따라서 당시 중국과 조선의 학문조류를 구분하여 살펴보기로 한다.

1) 淸代의 學問 潮流

淸代의 학문은 이른바 '經世致用의 學'으로 대표된다. 이는 明代에 싹튼 새로운 경향과 明의 멸망이 가져다 준 반성의 기운 속에서 출발하였다.[1] 이렇게 시작된 淸代의 학술 경향은 '實事求是'로 이어졌는데 顧炎武(1613~1682)가 제창한 이 방법론은 추상적인 사색을 배격하고 현실을 직시하면서 사회를 구제하는 것이 목적이었다. 이것은 淸代에 가장 큰 영향을 준 학문적 방법론이었다. 그리고 이와 더불어 치밀한 연구를 중시하는 실증적인 태도가 중시되었으며 여기에서 考證學이 등장하여 淸代에서 활발하게 연구되었다. 때마침 당시의 지배계층이었으나 異民族이었던 滿洲族들이 漢族 지식인을 탄압

1) 東洋文學會編. 概觀 東洋史. 서울, 知識産業社, 1983. p. 263.

하자 이들이 각자 은거하면서 考證學에 몰두함으로써 비약적으로 발전하게 되었다[2)]

본격적인 考證學의 발달은 閻若璩(1613~1704)와 胡渭(1633~1714)의 등장으로부터 시작되었다. 이들 중에서 閻若璩는 『古文尙書疏證』을 지어 아무도 의심하지 않았던 『古文尙書』가 僞作임을 밝혀내었으며, 胡渭는 河圖와 洛書가 『易經』과는 관계없는 道家의 學說임을 증명하였다. 이들의 선구적인 업적은 전통적인 주자학의 기초를 완전히 뒤엎는 실증적인 저작으로서 경전 자체에 대한 문헌학적 연구의 영역을 새로이 개척한 것이었다.

이들은 이어 새로운 학자들이 대거 등장하였는데 그중에 戴震(1723~1777)이 단연 주목된다. 『說文解字注』를 저술한 段玉裁(1735~1815)의 스승이기도 한 그는 경전의 연구에 있어 문자와 언어의 분석이 선행되어야 한다는 사실을 강조함으로써 淸代 文字學의 발달을 결정적으로 촉진시켰다.

淸代의 학술이 후세에 공헌한 것은 佚書의 수집과 校勘의 정착, 小學에 정통하였다는 세 가지 특징으로 요약된다.[3)] 여기서 말하는 小學이란 文字學과 聲韻學을 함께 말하는 것으로 漢代의 訓詁學을 이어 經典의 올바른 해석을 위해 文字와 聲音이 중시되었으며 이를 연구하는 풍조가 유행하게 되었다. 사실 文字學이 淸代 考證學의 本領이라고 할 수 있다. 고증학적 방법론은 宋明의 性理學의 思辨的 방식과는 달리 구체적이고 실증적인 데에 그 목적이 있었다. 戴震은 '典故와 故訓이 밝혀지면 古經이 밝혀지고, 古經이 밝혀지면 賢人과 聖人의 이치와 의리가 밝혀진다'고 했으며, 또 '字學과 故訓과 音聲은 애당초 서로 분리될 수 없다'고 천명했다.[4)] 戴震의 이러한 발언

---

2) 傅樂成. **中國通史**. **下册**, 臺灣, 大中國圖書公司, 1979. p. 736.
3) 皮錫瑞. **中國經學史**. 李鴻鎭譯, 서울, 東和出版公社, 1984. pp. 255~262.
4) 林尹. **文字學概論**. 臺灣, 正中書局,1971. p. 41.
(戴氏主張: 故訓明則古經明, 古經明則賢人聖人之理義明. 又說: 字學・故訓・音聲, 未始相離)

은 당시의 학문적 풍토를 반영하고 있는 것으로 淸代의 學風이 考證學 위주였음을 증명한다. 고증학의 전성기를 일반적으로 乾隆(1736~1795)과 嘉慶(1796~1820)의 年號를 사용하던 때로 설정하는데 이를 줄여서 乾嘉時代라고 한다.[5)]

이 乾嘉時代에 성행했던 고증학 중에 가장 발달한 文字學은 곧 說文學이라고 말해질 정도로 許愼의 『說文解字』를 校勘하고 補充하는 작업이 지속적으로 이루어졌다.

> 『說文』은 천하제일의 서적이다. 천하의 모든 책을 두루 읽어도 『說文』을 읽지 않으면 오히려 읽지 않은 것과 같다. 다만 『說文』에 능통하다면 나머지 책을 읽지 않았다 하더라도 通儒가 아니라고 말할 수 없다.[6)]

王鳴盛이 「說文解字正義序」에서 말한 위의 언급은 약간 지나칠 정도로 『說文』의 가치를 높이 평가한 것이지만 그때의 학문적 경향을 잘 나타내 주고 있는 말이기도 하다. 1653년 汲古閣 毛氏가 宋本에 의거하여 徐鉉의 『說文』을 重刊했으며, 1782년 汪啓淑이 徐鍇의 『說文繫傳』을 간행하여 관심이 고조되었고 급기야는 段玉裁를 비롯 桂馥(1736~1805), 王筠(1784~1854), 朱駿聲(1788~1858)등 說文四大家들이 등장하게 되었다.[7)] 이들의 등장은 『說文』에 대한 연구가 매우 치밀하였으며 한편으로는 淸代의 文字學이 융성했음을 단적으로 보여준다.

文字學的 관점에서 淸代의 學術中 중요한 것이 古文字學에 대한 관심과 이에 대한 자료를 수집한 업적들이다. 汪立名의 『鍾鼎字源』, 閔齊伋의 『六書通』 등이 간행되었는데 이들은 새로운 자료가 부족하고

---

5) 劉明鍾. **淸代哲學史**. 서울, 以文出版社, 1989. p. 339.
6) 唐蘭. **中國文字學**. 臺灣, 開明書局, 1974. pp. 21~22.
(王鳴盛說: 說文爲天下第一種書, 讀遍天下書, 不讀說文, 猶不讀也, 但能通說文, 餘書皆未讀, 不可謂非通儒也.)
7) 林尹. **文字學概論**. 臺灣, 正中書局印行, 1971. p. 40.

眞僞가 불분명하여 결점이 없지 않았다. 그러나 1749년 발간된『西淸古鑑』은 金文의 중요성과 가치를 확인시켜 주는 계기를 제공하였으며 뒤를 이어 顧藹吉의『隸辨』, 袁日省의『漢印分韻』, 嚴可均의『說文翼』등이 鍾鼎 遺物의 文字를 수집해 놓았으며 대표적인 업적으로 阮元의『積古齋鍾鼎款識』가 있다.

淸代의 學術傾向은 宋明理學의 사유 중심적 방법을 극복하여 실제 생활과 經世에 도움이 될 수 있는 학문을 추구하는 방식이 중시되었으며 이로 인해 考證學이 발달되었다. 그리고 고증학 중에서 文字學에 관심이 집중되었으며 많은 연구가 집적되었던 것이다. 그리고 淸末에 고증학의 대상이 後漢의 經學에서 前漢의 今文學으로 바뀌면서 새로운 학파가 성립되었는데 이를 公羊學派라고 한다. 이어서 서구의 학술방법이 이입되면서 淸의 학술은 새로운 국면을 맞게 되었다.

2) 朝鮮의 學問 潮流

중국에서 고증학이 성행하던 시대는 조선조 후기에 해당한다. 이 시기는 壬辰倭亂과 丙子胡亂 이후로 개국 이래 지속되어 왔던 정치적·경제적 기반이 흔들리기 시작한 때였다. 이러한 역사적 시대상에 민감했던 학자들은 사회 전반적 상황에 대한 대응책을 모색하게 되었고, 그 결과 實學者들의 정치적 제도개혁을 주도하는 저술과 産業의 여러 분야에 대한 새로운 관점의 저술들이 계속 출현하게 되었다. 조선조 후기에 등장한 實學은 전통적인 유학의 改新的 思想으로서[8] 기본적으로 유학의 새로운 형태이다. 이 實學은 보통 3기로 구분되는데,[9] 제1기는 經世致用學派로 불리며 제2기는 利用厚生學派라 하고,

---

8) 千寬宇. **韓國實學思想史**. 서울, 高麗大編, 韓國文化史大系 VI, 1970. pp. 1044~1047.

9) 劉元東. **韓國實學概論**. 서울, 正音文化社, 1983. p. 13.

이 중 제3기는 經書와 金石, 古典의 고증에 주력했던 시기로 알려지고 있으며 이 때 활약한 학자들을 實事求是派라고 한다. 阮堂 金正喜(1786~1856)와 茶山 丁若鏞(1762~1836)이 이 학자들 중의 대표적 인물이다.

金正喜는 젊은 시절부터 燕京을 왕래하면서 淸代에 성행했던 考證學을 몸소 겪으면서 배워왔으며 평생토록 연구에 몰두한 조선조 후기의 대표적 학자이다. 그는 특히 淸代 考證學의 중심학자였던 翁方綱(1733~1818)과 阮元(1764~1849) 등을 직접 만나서 가르침을 받고 학문적으로 교유하였으므로 淸代 考證學의 精髓를 물려받은 학자로 인정된다.10) 그는 원래 經學의 보조학문이었으나 淸代에 이르러 독립적으로 발달한 金石文 연구에 몰두하였으며 金石資料의 수집과 보호에 많은 노력을 기울여, 그 결과 北漢山 巡狩碑를 발견하였으며 『禮堂金石過眼錄』과 『眞興二碑攷』를 남겨놓기도 하였다. 그리고 그의 <實事求是說>은 阮元의 영향을 받아 이루어진 것으로 알려져 있으며 다른 淸代 考證學者들의 영향을 받기도 했던 것으로 보인다.11)

丁若鏞은 실학사상을 집대성한 학자로서 實學의 확고한 논리적 근거를 구축하기 위하여 모든 경학에 대한 새로운 연구방법을 모색한 나머지 철저한 고증과 훈고에 주력하던 淸代의 고증학적 방법에 기울게 되었다. 이 두 사람을 비교해 볼 때, 金正喜는 金石考古學에 관심을 가진 학자로 金石文에 대해 고찰하는 논증위주의 학문을 수립했다면, 丁若鏞은 經典考證學에 전념한 학자로서 經典의 古義를 천명하기 위해 고증위주의 학문적 방법론을 갖고 있었던 것으로 구분된다.

金正喜와 丁若鏞 외에도 많은 학자들이 있었는데 그들은 각자 발달한 淸代의 文物과 學術을 본받아 연구에 주력하였다. 앞에서도 말한 것처럼 고증학의 분야 중 가장 발달한 것이 文字學이었으므로 조선조에서는 문자학에 대한 관심이 높아졌을 것이다. 그리고 청대 문

10) 全海宗. **韓中關係史** 硏究. 서울, 一潮閣, 1982. pp. 186~243.
11) 全海宗. **韓中關係史** 硏究. 서울, 一潮閣, 1982. pp. 186~243.

자학의 저술 중에서 가장 뛰어난 업적으로 평가받는 段玉裁의 『說文解字注』는 조선조 학자에게 큰 영향을 주었을 것으로 생각된다. 따라서 자연스럽게 문자학에 대한 관심은 높아졌을 것으로 짐작되지만 可視的인 업적이 많지는 않다. 朝鮮後期의 문자학이 거둔 성과를 단적으로 보여주는 것이 본 논문의 연구대상인 『翼徵』이며, 이 저술이 바로 조선후기의 문자학 분야의 학문수준을 가늠할 수 있는 하나의 예가 된다.

B. 『說文解字翼徵』의 編纂

1) 朴瑄壽의 生涯와 學問

(1) 生涯

『翼徵』의 저자인 朴瑄壽가 태어난 것은 1821(辛巳, 純祖 21)년이었다. 그의 字는 溫卿이며 號는 溫齋이고 貫鄕은 潘南이다. 그의 家系를 보면 實學의 泰斗요 大文豪인 燕巖 朴趾源이 祖父이고 父는 宗采이며, 조선조말의 문신인 珪壽(1807~1876)가 형이다. 朴瑄壽가 관직에 나아간 것은 1864(당 44세 高宗1)년 과거급제 이후이다. 이 때는 朴珪壽가 趙大妃의 신임을 받아 都承旨에 임명되었던 때이다. 朴瑄壽는 여러 직책을 거친 뒤 74세 때인 1894년 刑曹判書에 보임된 것을 마지막으로 벼슬길에서 물러나 1899(己亥, 高宗 36)년 80세로 別世하였다. 그의 家系圖는 <표1>과 같다.

<표 1> 朴瑄壽의 家系圖

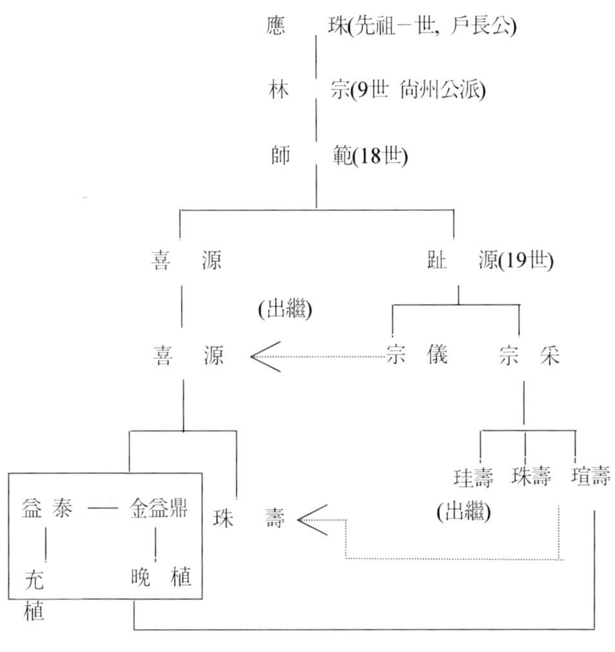

朴瑄壽가 활약했던 시절은 조선조말의 격동기였다. 조정은 개화파와 척화파로 첨예하게 대립하였으며 청일전쟁이 일어나고 연이어 甲申政變과 東學革命 등이 발생했다. 이러한 격동기에 그의 관직생활은 비록 40대 중반이라는 늦은 시기에 시작되었지만 司諫院 大司憲·暗行御史·吏曹參議·禮房承旨·成均館大司成·工曹判書 등 요직을 두루 거치면서 비교적 순탄했다. 당시의 복잡다단한 정치적 상황에서 이처럼 별 무리 없이 정계에 오랫동안 머무를 수 있었던 것은 朴瑄壽의 인품이나 교유관계가 원만했었다는 것을 짐작하게 한다.

그의 생애에서 가장 중요한 인물은 그의 친형인 朴珪壽이다. 14세나 위인 朴珪壽는 어려서 양친을 잃은 朴瑄壽에게 있어서 부모나 다름이 없는 존재였다. 朴瑄壽는 형의 보호 아래 자라났으며 그에게서 학문까지 익혔고, 정계에 진출하였을 때 형은 정치적 후견인이기도 하였다. 따라서 朴瑄壽 생애와 학문을 고찰함에 있어서 朴珪壽를 먼저 살펴보아야 할 필요가 있다.

朴珪壽는 어려서 부친에게서 가르침을 받았으며 15세에는 이미 그의 학문이 이름날 정도였으며, 20세 때 孝明世子와 교유하면서 文名을 드날렸다. 그는 祖父인 燕巖의 학문을 계승하여 실학에 전념하였으며, 1861년과 1872년에 걸쳐 두 차례 中國에 使臣으로 다녀온 뒤 국제정세를 목격하면서 전환점을 마련하게 되었다. 단적으로 말하면 朴珪壽는 실학과 개화사상을 연결시킨 장본인이었고 그의 개화사상은 실학사상의 근대지향적 측면을 내재적으로 계승한 위에 외발적 요인이 작용하여 촉발된, 일찍이 北學派 학자들이 주장한 利用厚生 바로 그것이었다. 그는 제2차 사신행차를 통하여 중국의 洋務運動을 목격한 뒤 귀국하여 開化에의 확신을 갖게 되었다. 이런 점으로 인해 朴珪壽는 조선후기 개화파의 정신적 지주로 추대되었으며,[12) 그의 문하에서 金玉均 · 朴永孝 · 兪吉濬 등이 배출되었다.

朴瑄壽의 생애는 그의 형인 朴珪壽의 생애와 같은 유형의 것이라고 보아도 무방할 것이다. 그는 朴珪壽의 제자들과 교유하며 지냈는데 특히 朴珪壽의 수제자로 알려져 있는 雲養 金允植(1835~1922)과는 師弟關係를 맺어 뒤에 金允植이 『翼徵』의 序文을 쓰게 될 정도였다. 결론적으로 朴瑄壽는 조선후기의 격동하던 시대에 깊은 학문적 연원을 갖고 있는 집안에서 태어났고, 벼슬길에 나서서는 순탄한 관직생활을 보냈으며, 사상적으로는 당시에 開化派에 속했던 인물로 평가된다.

---

12) 姜在彦. **韓國의 開化思想**. 鄭昌烈 譯, 서울, 比峯出版社, 1984. p. 176.

(2) 學問

朴瑄壽의 생애나 가계에서 확인할 수 있듯이 그는 전형적인 조선조의 儒學者이다. 보통 선비라고 통칭되는 이 집단들은 유학의 이념을 지키며 평생을 학문에 몰두하는 특수 계층의 인물이다. 그들은 관직에 나가면 儒家의 이상인 王道政治를 이룩하려고 노력하며, 물러나면 본성을 지키고 자신의 완성을 위해 노력한 지식인들로서 근본적 자세에는 性理學者와 實學者의 구분이 있을 수 없다. 朴瑄壽는 이러한 선비로서의 자세를 잘 지켰던 인물로 보인다.

朴瑄壽의 학문적 경향을 보여주는 가장 큰 배경은 그의 家系이다. 祖父 朴趾源은 北學派로 분류되는 實學의 大家였다. 여기서 北學이라 함은 당시 발달했던 淸代의 학문과 문화를 배운다는 것을 의미한다. 실제로 朴趾源은 44세 되던 해 북경을 다녀온 뒤로 중국 중심의 세계관 속에서 청나라의 번창한 문물을 받아들여 낙후한 조선의 현실을 개혁하고자 했다. 이러한 학문적 전통은 그대로 家學으로 이어져 자손들에게 큰 영향을 주었다. 그리고 朴珪壽는 역시 실학의 대가인 丁若鏞과 徐有榘를 私淑하였고 북학파와 개화파를 연결한 중심인물이었다. 이런 배경을 염두에 둘 때 朴瑄壽의 학문적 경향이 어떠했는가는 충분히 짐작할 수 있게 된다. 당시 발달해있던 淸代의 考證學이 그의 학문적 본령이었음을 알 수 있는 근거가 바로 이것이다.

朴瑄壽가 다른 저서를 저술했다는 기록은 찾기 힘들고, 『翼徵』의 체재나 내용을 볼 때 오랜 시일을 요구하는 것이어서 그가 이 저술에 전념했다는 사실을 짐작할 수 있다. 이런 관점에서 볼 때 朴瑄壽는 조선조 후기 고증학의 중요한 연구자 중의 한 사람이며 특히 文字學에 깊은 조예를 가진 說文學者로 평가될 수 있을 것이다.

2) 著作動機와 著作時期

(1) 著作 動機

金允植(1835~1922)이 쓴 「說文翼徵序」는 『翼徵』의 저작동기와 시기 등 중요한 단서를 제공한다. 金允植은 朴珪壽의 제자로 朝鮮後期의 대표적 문장가이다. 그는 또한 朴瑄壽의 문하에서 수학하기도 하였는데, 이때 특히 문자학에 관련된 가르침을 받은 것으로 보인다.[13] 그는 이 序文에서 박선수가 『翼徵』을 저술하게 된 계기와 과정 및 출판경위를 자세히 서술하였다.

朴瑄壽가 『翼徵』을 저술하게 된 동기는 『說文』에 보이는 문자해석상의 오류를 지적하고 수정 보완하기 위한 것이며, 그는 이것이 궁극적으로는 經學에 도움이 된다고 믿었던 것에 기인한다. 『翼徵』의 校閱을 담당했던 金晩植에 의하면 『說文』의 체재가 엄정하지 못하고 교감이 온전하지 못하기 때문에 이를 발전적으로 수정・보완하고자 『翼徵』을 저술하였다[14]고 하였다. 앞에서도 언급한 바와 같이 박선수는 전형적인 유학자였으며 보다 구체적으로 말하여 說文學者였다. 따라서 그는 실제 문자해설을 시도할 때 정확한 典據를 활용하는 등 철저한 자세를 갖고 있었다. 그가 『說文』의 오류로 지적한 것 중에서 '祖'字에 대한 논의를 보면, 祖와 같이 절대적으로 존중해야 할 의미를 갖고 있는 글자를 語助辭인 '且'와 같다고 한 許愼의 견해를 받아들일 수 없다는 것이다.[15] 祖는 마땅히 神靈스러운 廟名에서 유래된 것이라고 주장하면서 고대 청동기 유물에 새겨진 문자를 증거로 제시하는

---

13) 金允植. **雲養集**. 卷11 "說文翼徵序" (允亦嘗從溫齋先生遊 得聞一二緒言)

14) 金晩植. **"說文解字翼徵附記."**
(說文解字爲字書之祖 倉頡 精義 非此莫得以傳 然常恨體裁不嚴 校勘未盡 此舅氏翼徵書所由起也)

15) 金允植. 雲養集. 卷11 "說文翼徵序"
(父祖之祖 與姑且之且 相混無別 不成倫理 此皆有絶對之關係)

것에서 그의 기본적 자세를 알 수 있다. 이러한 例는 허다하게 있다. 朴瑄壽는 許愼같은 大學者도 오류에 빠지게 될 수밖에 없었던 이유를 지적하여 자신의 저술동기를 우회적으로 나타냈다.

> 후대의 글씨를 논하는 자들이 어려운 것은 피하고 쉬운 것에 나아가 겨우 李斯만이 위로 史籒體까지 소급할 수 있었을 뿐이었으나 그 범위 밖으로 나갈 수 없었다. 또한 漢儒들의 학문은 그들 스승의 학설을 지켜 비록 그것의 잘못을 알더라도 감히 바로잡지 못하였으니 이때 잘못된 것은 여전히 잘못되었고 불확실한 것은 불확실하게 되어 점점 그 면목을 잃은 것이 많게 되었다.16)

朴瑄壽가 이처럼 漢代 훈고학자들을 비판할 수 있는 까닭은 그들의 시대에는 漢字의 祖型을 추정할 수 있는 청동기 유물이 제대로 발굴되지 않았으며 이로 인해, 문자해설 과정에서 각자 다른 견해를 갖게 되었기 때문이다. 다음의 인용구에서 박선수의 문자학적 안목이 잘 나타나 있다.

> 대개 倉頡은 옛 성인이어서 글자를 만든 것이 지극한 이치가 간직되지 않은 것이 없다. 夏·殷·周 三代 이전에는 이어 써서 오직 삼가 근본 뜻을 잃지 않았으니 후세에 발견되는 鍾鼎을 고찰해 보면 알 수 있다.
>
> 周가 쇠약해진 이후로부터 변하여 大·小篆과 隸書가 되었고 또 바뀌어 八分體와 楷書·草書가 되면서 날로 간단하고 쉽게만 되어 많이 본래의 뜻이 크게 손상되어 간혹은 비슷하다고 해서 혼용하고, 혹은 문자를 분별하지 못해 처음의 터럭만한 차이가 나중에는 천리만큼 어그러지게 되었다. 사주체 같은 옛날 문자도 이 병폐를 면치

---

16) 金允植. **雲養集**. 卷11 "說文翼徵序"
(後之論書者 避難趨易 僅由李斯 而上及於史籒而已 無能出其範圍之外 此漢儒之學 守其師說 雖知其非 不敢矯正 於是謬者仍謬 晦者愈晦 浸浸然失其面目者多矣)

> 못하였으니 하물며 그 뒤의 것은 어떻겠는가?[17)]
>
> 許愼의 시대에는 땅속에 묻혀있던 鍾鼎이 다 출토되지 않아서 숭상한 것이 오직 孔壁書의 蝌蚪文字 뿐이었으므로 옛것을 수집하고 고찰하고 널리 연구한 모든 서책의 자획이나 글씨 등은 여러 연구자들이 무단하게 억측으로 정한 것이어서 잘못됨을 열고 미혹함을 이었으니 이것이 鍾鼎에 남아있는 문자가 만난 첫 번째의 액운이었다.[18)]

논의의 초점은 바로 鍾鼎에 맞추어진다. 朴瑄壽가 漢字의 형성과정에 대해 고찰하면서 전거로 사용한 것이 鍾鼎文이다. 여기서 鍾鼎이라 함은 청동기시대의 유물을 말하는데 이 유물에 銘文이 있으며 이 명문이 문자학 연구의 결정적인 자료가 되는 것이다. 商代의 명문은 비교적 간단하지만 西周 이래로는 비로소 尙書와도 견줄만한 편폭이 긴 대작들이 나타나게 되었다.[19)] 鍾鼎文은 金文이라고도 하는데 祭器를 비롯하여 많은 종류가 있고 여기에 고대한자가 새겨져 있으며 총칭하여 金文이라고 하는 것이다.[20)] 유물에 따라 다르지만 각각에 새겨있는 金文의 대략적인 내용은 器物의 제작자나 소유자의 씨족명이 있기도 하고, 기물의 祝辭, 제작 사유, 선조에 대한 송덕, 제사 관계의 사항 등을 적은 것들도 있다. 이 金文의 특징은 문자로서의 기능이 높아지고 字型이 고정되었으며, 形聲字가 현저하게 불

---

17) 金允植. **雲養集**. 卷11 "說文翼徵序"
(蓋倉頡古之聖人也 其造字也 莫不有至理存焉 唐虞三代以前 承用惟謹 不失本旨 考諸後世發見之古鍾鼎可知也 自衰周以來 變而爲大小篆隸 又轉而爲八分楷草 日趨簡易 多失其本旨 或以近似而並混 或不能分別文字 差以毫釐 繆以千里 自史籒古文 不免斯患況其下者乎)

18) 金允植. **雲養集**. 卷11 "說文翼徵序"
(許氏之世 鍾鼎之埋沒於地中者未盡出 所崇者惟孔壁書之蝌蚪文字 而集古攷古博古 諸書之尖畵寫篆款識 諸家之武斷臆定 啓誤承迷 爲鍾鼎遺文之第一厄會)

19) 李學勤. **古文字學 첫걸음**. 河永三 옮김. 서울, 東文選, 1991. pp. 66~67.

20) 『翼徵』에서는 鍾鼎文이라는 명칭을 사용했으나 현재 학계에서는 金文이라고 하는 것이 일반적이므로 본 논문에서도 金文으로 통일해 쓰기로 한다.

어나고 形部의 증가로 인하여 글자의 뜻을 분명히 나타내려는 의식이 강해졌다는 사실을 보여주고 있다는 것이다.21) 宋代에 金石學이 발달하면서 청동기나 그 명문을 수록한 전문서적이 출현하게 되었는데 대표적인 것으로 呂大臨의 『考古圖』와 趙明誠의 『金石錄』이 있다.22) 그리고 앞에서도 말한 것처럼 淸代에 古代文字를 수집해 놓은 많은 업적이 있었다. 朴瑄壽가 이러한 저술에 대해 阮元의 『積古齋鍾鼎款識』를 제외하고는 직접 언급한 기록은 없으나 그가 자신의 문자해설을 전개시키면서 근거로 사용했던 것이 金文이었으므로 중국의 관계서적을 많이 참고했을 것으로 보인다.

金文을 대하는 朴瑄壽의 자세는 매우 진지하여 안목 없는 자들이 잘못 해독할 수 있음을 경계하였다.

> 金石에 남아있는 문자는 그 공이 심히 크지만 만약 고증하는 자가 마땅한 사람이 아니라면 金石에 남아 있는 문자의 폐해 또한 큰 것이다. 대개 글자체를 명확하게 증거 할 수 있는 것이 鍾鼎만한 것이 없지만 金石에 새긴 것은 오래되어 해석하기 어려우므로 큰 안목과 자세한 心法을 갖추어 하늘과 사람의 이치를 꿰뚫어 보고 古今의 바른 것을 널리 종합할만한 자가 아니면 능히 구별할 수 없을 것이다.23)

이것뿐만이 아니라 朴瑄壽는 연구를 진행하는 과정에 있어서 좋은 목재를 구하여 손수 청동기 유물과 똑같은 器物을 만들어 놓고 각각의 기물위에 전적에서 전하는 것과 동일하게 글씨를 새겨 놓았다. 그리고 이것들을 방안의 좌우에 벌여 놓고 그 사이에서 기거하면서

---

21) 李敦柱. **漢字學總論**. 서울, 博英社, 1992. pp. 73~75.

22) 李學勤. **古文字學 첫걸음**. p. 60.

23) 金允植, **雲養集**. 권11, "說文解字翼徵"
(金石遺文 其功甚大 而若考證非其人 則金石遺文之害亦大矣 蓋字體之明確可據者 莫如鍾鼎 而金銘古奧難解 非大眼目細心法 洞覽天人之理 博宗古今之雅者 不能辨也)

밤낮으로 연구하였다. 그러는 동안에 만약 許愼의 논리 중 명확하지 못한 것이 있으면 한결같이 金石文에 의거하여 판단하여 異同을 비교하고 글자를 상고하여 진위를 구별하였다.[24)]

朴瑄壽는 春字를 해석하면서 자신이 어떠한 이유로 인해서 『翼徵』을 저술하게 되었는지를 설명하였다.

> 만약 『說文解字』가 天地間에 없을 수 없는 서책이 아니라고 한다면 그만이지만, 『說文解字』가 天地와 더불어 끝까지 남을 서책이라고 한다면, 근원을 탐구하고 끝까지 마쳐서 잘못을 증명하여 바로 잡는 것은 진실로 그만 둘 수 없는 일이로다.[25)]

『說文』의 위대함은 누차 설명되었지만 朴瑄壽는 다시 한번 그것을 강조하고 있다. 天地와 함께 지극할 것이라는 표현은 『說文』이 文字學者들에게 있어서 經典 이상의 의미를 갖고 있는 저술임을 알게 해준다. 따라서 朴瑄壽는 許愼의 金文에 대한 무관심으로 인해 비롯된 『說文』의 오류와 논리상의 미비점을 간과할 수는 없었다. 『說文』이 위대한 저술이지만 부분적으로 완벽하지 못한 점을 보완하여 완벽한 저술로 만들고자 하는 것이 『翼徵』을 저술함에 있어서 朴瑄壽가 갖고 있었던 기본적 자세였던 것이다.

朴瑄壽는 이러한 저작동기와 자세로 『翼徵』의 저술에 임했음은 알 수 있다. 이를 보면 그의 저작동기는 문자학 분야 최고의 名著인 『說文解字』의 오류를 지적하고자 하는 의도에서 출발하였던 것이다. 그리고 나아가 청대의 說文學派들도 크게 중요시하지 않았던 청동기시

---

24) 金允植. **雲養集**. 卷11, "說文翼徵序"
(嘗擇良木 手自斲礱 爲鍾鼎 敦梡槃 諸彝器數百種 依圖刻畫 列寘左右 坐臥於其中 晝宵硏究 若許氏字義之未晰處 一以金銘斷之 比較同異 考文辨贋正)

25) 朴瑄壽. **說文解字翼徵** 卷1.
(若謂說文解字, 而不爲天地間不可無之書則已 說文解字而爲餘天地偕極之書 則探原竟委 証謬而歸正 誠爲不可已之事也)

대의 유물에 새겨진 金文을 문자해설의 기준으로 삼았다는 것은 고증학적 방식에 입각한 자세로 근거를 제시할 수 있었다는 점에서 중요하다.

(2) 著作 時期

『翼徵』이 저술된 시기는 정확하게 알 수 없다. 자세히 전하는 기록도 없을 뿐만 아니라 이런 방대한 저술이 어느 한 시기에 완성될 수 없기 때문에 저작시기를 단언하기 어렵다. 다만 주변상황을 살펴보면 저작시기를 어느 정도 추정할 수 있다. 金允植은 朴瑄壽가 저술과 연구에 몰두해 있을 때 그의 형 朴珪壽에게 계속 자문했다고 하였다.26) 朴珪壽가 별세한 것이 1876년이니 당시 朴瑄壽가 56세 때인데 이때까지는 아직 완성되지 않았던 것 같다. 보다 구체적으로『翼徵』의 저작과정을 보여주는 것이 다음의 예이다.

> 瓛齋(박규수의 호) 선생이 일찍이 사신으로 燕京에 갔을 때 아직 이루어지지 않은『說文翼徵』의 草稿를 가지고 가서 說文學에 조예가 깊은 王軒·董文燦·吳大澄에게 보여 주었더니 그들이 크게 칭송하지 않음이 없었다.27)

朴珪壽가 사신으로 북경을 다녀온 것은 1861년과 1872년 등 2차례인데 위의 인용에서 말하는 使行은 1872년, 즉 朴瑄壽 52세 때인 것으로 보인다. 위의 기록으로 보아 비록 완성되지는 않았지만 朴瑄壽

---

26) 金允植. **雲養集**. 卷11 "說文翼徵序"
(如有所得 雖夜中必呼燭記之 坐而待旦 走至伯氏瓛齋先生所 對床討論 瓛翁亦欣然許之 雖在千里之遠 必往復質正然後登稿)

27) 金允植. **雲養集**. 卷11 "說文翼徵序"
(瓛齋嘗奉使入燕 携帶說文翼徵未成草 示王軒董文燦吳大澄 諸君 皆邃於說文之學者也 莫不大加稱賞)

의 『翼徵』은 자료 활용이나 방법론 등이 당시 淸代의 說文學者들에게도 큰 충격을 줄 수 있을 정도였던 것 같다. 그 후로 계속 정진하여 晩年에 『翼徵』 全14권을 완성하였던 것으로 보인다.28) 따라서 이 『翼徵』은 고증학의 영향을 받은 조선의 유학자 朴瑄壽가 젊은 시절에 착수한 이래 평생의 노력을 바쳐 완성한 저서로서의 의미를 갖는다.

당시의 불안한 정치적·사회적 상황 때문인지 몰라도 朴瑄壽가 생존해 있을 때에 『翼徵』은 출간되지 못하였다. 『翼徵』의 출간이 시도된 것은 그의 별세 12년 뒤인 1911(辛亥)년이었다. 주로 그의 제자들이 중심이 되어 이처럼 의의 있는 저술을 死藏시킬 수 없다고 의논하여 출간을 결정한 뒤 金允植이 序文을 쓰기로 하였다.29) 그러나 실제 출간이 된 것은 다음해인 1912년이었다. 이때는 이미 한일합방 뒤였는데 당시의 寺內總督이 出資하여 출간에 도움을 주었다고 한다.30) 인쇄처는 崔南善이 운영하던 光文社였다.31)

(3) 校閱者 金晩植

『翼徵』과 같은 방대한 저술이 한 사람의 작업으로 이루어지기는 어렵다. 연구에 도움이 될만한 학문적 안목을 갖고 오랜 세월을 같이 지내며 연구에 몰두할 수 있는 자격과 조건을 갖추고 있는 助力者가 필요한데 『翼徵』의 경우 이런 조건에 부합하고 실제로 朴瑄壽를 도와 저술에 결정적인 도움을 준 인물은 金晩植(1834~1900)이다. 그의 字는 器卿이고 호는 翠堂이며 본관은 淸風으로 金允植이 그의 從弟

---

28) 金允植. **雲養集**. 卷11, "說文翼徵序"
(書凡十四卷 先生手自編纂)

29) 金允植. **雲養集**. 卷11, "說文翼徵序"
(先生歿後十二年辛亥 社友之知其事者 先生此書……遂謀 鋟梓 徵序於允)

30) 金允植. **雲養集**. 卷11, "說文翼徵序" "附記".
(寺內總督 聞而亟賛之……遂損財設備……壬午暮春 允植又識)

31) 金允植. "說文解字翼徵附記"

이다. 金晩植이 『翼徵』의 저술에 적극적으로 동참하게 된 이유는 앞의 家系圖에서 보았듯이 朴瑄壽가 그의 外堂叔이었기 때문이었다. 金晩植은 1869년 과거급제 후 평안도 관찰사까지 지냈으며 1883년 10월 <漢城旬報>를 창간하기도 한 개화파의 일원이었다. 金晩植은 朴瑄壽가 『翼徵』을 저술하기까지의 전 과정을 알고 있었으며 자신이 직접 校閱에 참여하는 등 깊이 관련되어 있다. 『翼徵』의 각 권 첫머리에는 '潘南朴瑄壽溫卿治'・'淸風金晩植器卿習'이라고 명기되어 있어 金晩植이 교열자였음을 확인시키고 있다. 書眉에 註가 있는 특이한 형태를 취하고 있는데 이 註의 내용을 정리한 사람은 金晩植인 것으로 보인다.

> 무릇 이와 같은 것(許愼이 잘못 해석한 文字)들이 한번 外堂叔의 손에 들어가면 추락한 것들이 회복되고 거짓이 바르게 되며, 떨어지고 끊어진 것들이 이어지고 불분명한 것이 드러나게 되어 만물을 이에 볼 수 있는 흔쾌함이 있으니, 육서의 학문이 있은 이래로 이러한 것이 있지 않았다……이것이 우리 형제가 외당숙의 부탁을 기꺼이 즐겨 맡게 되고 감히 사양하지 못한 까닭일 따름이다.[32]

여기서 金晩植이 형제라고 말한 것은 자신과 그의 從弟 金允植을 말한다. 이 인용에는 朴瑄壽의 학문적 성취에 대한 조력자로서의 자부심이 드러나 있고 자신들이 도와 이 저서가 이루어졌음을 암시적으로 표현하고 있다. 결국 『翼徵』이라는 저술은 朴瑄壽의 끝없는 노력과 연구의 결실이며 동시에 金晩植 같은 안목 있는 助力者의 오랜 세월에 걸친 도움의 결과라는 사실을 알 수 있다.

---

32) 金晩植. "說文解字翼徵附記"
(凡若是者 一入舅氏手 墜者復而僞者正 隔斷者接續而隱晦者呈露 有萬物斯睹之快 自有六書之學以來 所未有也 ……此我兄弟之所以樂趣於註評之屬 而不敢辭者云爾)

Ⅲ. 『說文解字翼徵』의 構成

朴瑄壽가 처음 『翼徵』을 저작했을 때에는 筆寫本이 있었겠지만 지금까지 확인하지는 못했다. 본 논문은 『翼徵』의 石印本을 기본 연구대상으로 사용하였는데, 이는 필사본을 구해 볼 수 없고 이 판본 외에는 다른 판본을 아직 발견하지 못했기 때문이다. 이런 까닭에 『翼徵』의 구성이나 체재, 형태서지적 분석 등이 모두 이 石印本을 대상으로 이루어질 수밖에 없다.

A. 書誌的 考察

『翼徵』은 14卷으로 구성되어 있으며 6冊으로 되어 있다. 판식은 四周單邊이며 半郭의 크기는 21.6cm×15cm이다. 그리고 半葉은 11行으로 배열되어 있으며 各行은 無界이고 22字자가 적혀 있다. 이 책의 전체 크기는 30.6cm×18.3cm이며 書眉에 註가 있는데 이 註는 내용으로 미루어 보아 校閱者 金晩植이 직접 기록했을 것으로 보인다. 본문을 기록한 것은 저자 朴瑄壽이지만 지금의 石印本을 분석해 볼 때 朴瑄壽가 손수 정리한 筆寫原本이 있었으며, 이를 바탕으로 金晩植이 직접 필사한 것으로 石板을 제작하여 책을 만들었을 것으로 추정된다.

지금 전해지는 石印本 『翼徵』에는 金晩植이 쓴 序文이 있으나 앞에서도 밝혔듯이 이는 朴瑄壽 死後 12년 뒤에 출간에 앞서 쓴 것이므로 이 저작이 완성될 당시대는 없었던 것이다. 저자인 朴瑄壽가 직접 쓴 序文의 존재여부는 알 수 없다. 저자의 의도와 저작의 진행 과정을 정확하게 알 수 없다는 점에서 아쉬운 일이 아닐 수 없다.

『翼徵』에는 다른 說文學者들의 저술에서와 같이 凡例나 目次등이 없이 간략한 체재를 갖추고 있음을 알 수 있다. 金允植의 序文에 이어 곧바로 卷1의 내용이 시작된다. 다만 주목되는 것은 金晩植과 金允植이 卷14의 내용이 다 끝난 뒤에 跋文格인 附記를 써 놓았다는 것이다. 여기에는 이 저작의 동기와 의의 등이 기술되어 있고, 약간 내용을 소개하기도 하였으나 저작시기나 과정이 설명되지 않았다. 이처럼 『翼徵』은 전체적으로 간략한 체제를 갖추고 있는 것이 일차적인 특징이다.

<표 2> 『說文解字翼徵』의 卷別 部首配定

卷 次	解說部首 數
1	14
2	30
3	53
4	45
5	63
6	25
7	56
8	37
9	46
10	40
11	21
12	36
13	23
14	51
總	540

『翼徵』의 기본적 구성방식은 거의 『說文』의 그것과 동일하다. 『說文』도 모두 14卷으로 되어 있는데 각권별로 설명한 부수와 문자의 숫자가 같지는 않다. 첫 번째 부수인 '一'에서 마지막 540번째 부수인 '亥'까지 적절하게 14卷으로 배분하여 해설한 『說文』의 구성을 『翼徵』도 답습하였다. 그 이유는 『翼徵』의 저작의도가 『說文』의 해설을 전면적으로 부정하고 새로운 해설을 정립하기 위한 것이 아니라, 앞에서 지적한대로 許愼이 갖고 있던 몇 가지의 한계로 인해 발생한 『說文』의 문자해설 상의 오류를 보완・수정하기 위해서 저작된 것이기 때문에 일단 『說文』의 구성을 그대로 따를 수밖에 없었던 것으로 보인다. 참고로 각 권별 해설부수의 배분을 보면 <표2>와 같다.

『翼徵』의 구성방식은 먼저 『說文解字』의 문자배열 순서에 따라 문자를 배열한 뒤 許愼의 해설문을 그대로 인용해 놓았다. 그리고는 자신이 鍾鼎에서 발견한 金文을 적어 놓았으니 이것이 곧 '徵'하는 것이다. 이 徵字 밑에는 鍾鼎遺物의 명칭을 명기해 놓았는데, 예를 들면 '虢叔鍾'・'毛公鼎'・'詛楚石'・'陳侯簠' 등으로, 정확한 자료를 제공함으로써 실증주의적 방식을 갖고 있는 고증학자로서의 면모를 보인다. 그러나 '元'자와 같이 금문에서 너무 많이 발견할 수 있는 경우는 일일이 유물명을 써 놓지 않았다. 許愼의 문자해석에 대해 異論이 없을 경우에는 그대로 금문을 그려 넣음으로써 동조하였으나 許愼의 견해와 일치하지 않을 때는 동그라미 두개를 상하로 적고(⁚) 그 밑에 자신의 견해를 개진하여 놓았다. 바로 여기에 朴瑄壽의 문자학의 精髓가 담겨져 있는 것이다. 이 해설문은 작은 동그라미나 점으로 批點이 찍혀 있다. 朴瑄壽가 사용한 批點의 종류에는 ◗・◥・◦・⁚ 등이 있는데, 내용 중에서 중요하다고 여기는 부분에는 ◗과 ◥을 본문 우측에 찍어 놓아 구별했다. 그리고 자신의 독특한 주장에는 ◦ 표시를 했으며, 그 중에서도 자신의 문자해석에 대하여 자신감을 갖는다든지 특별한 주장이라고 여겼을 때는 ⁚로 표시했다. 그리고 중요한 문제를 몇 가지로 나누어 설명할 때나 자신의 해설을 단정적으로 설명할 때에는 문장의

옆에 두줄을 그어 구별해 놓았다. 여기에서 朴瑄壽는 유물에서 발견되는 자료를 바탕으로 許愼의 오류를 지적하면서 동시에 정확한 문자해석을 시도함으로써 그야말로 『說文解字』를 '翼徵'하는 의미있는 연구를 이룩해 놓은 것이다.

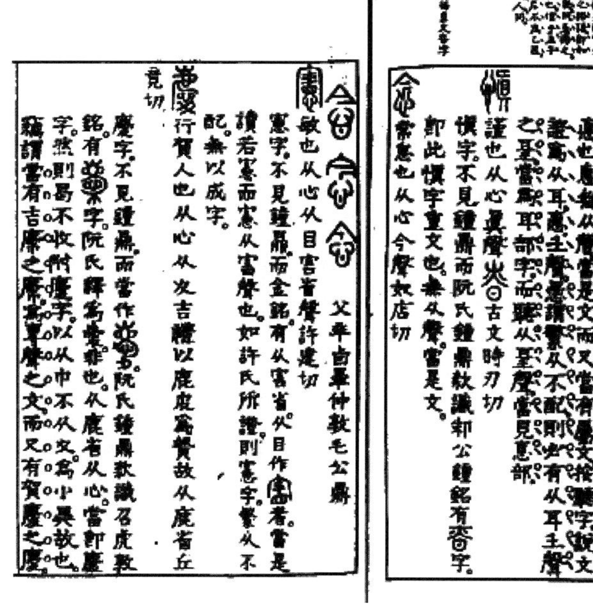

悳 外得於人內得於己也从直从心 [illegible] 古文 多則切

○○悳字金銘从省不从直金銘省字作[illegible]釋者以爲古相字非也悳之从省當以省心則从彳之德當以行悳也悳與从聽當是文而又當有德文[illegible]字說文證寫从耳悳壬聲[illegible]从不配則此有从耳壬聲之聖當聽耶部字而聽从壬聲當見悳部

愼 謹也从心眞聲 [illegible] 古文 時刃切

愼字不見鐘鼎而阮氏鐘鼎款識邾公鐘銘有[illegible]字即此愼字古文也兼从聲當是文

念 常思也从心今聲 奴店切

父辛卣 舉仲敦 毛公鼎

憲 敏也从心从目害省聲 許建切

憲字不見鐘鼎而金銘有从害省从目作[illegible]者當是讀若憲而憲从害聲也如許氏所證則憲字聲从不配兼以成字

慶 行賀人也从心从夊吉禮以鹿皮爲贄故从鹿省 丘竟切

慶字不見鐘鼎而當作[illegible]阮氏鐘鼎款識召虎敦銘有[illegible]字阮氏釋爲慶非也从鹿省从心當即慶字然則易不收附慶字以从巾不从夊爲小異故也竊謂當有吉慶之慶爲單聲之文而又有賀慶之慶

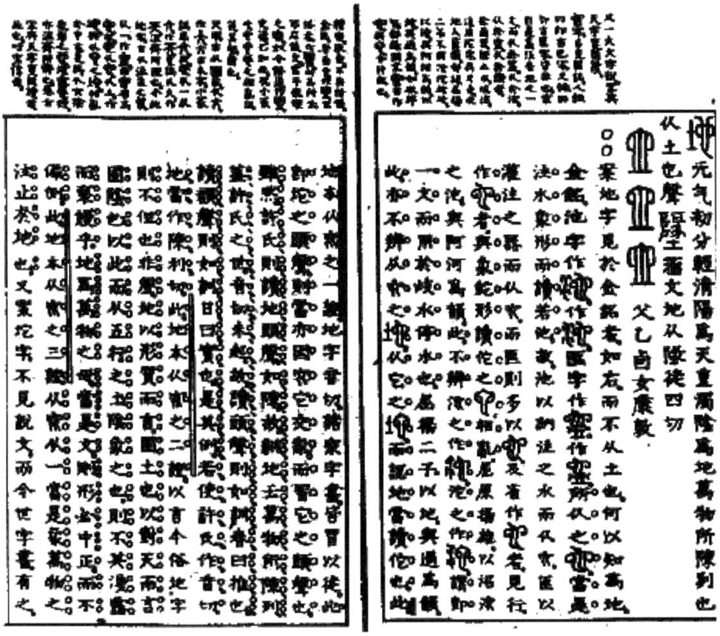

그리고 한 가지 첨부해야 할 사항은 許愼의 저서에서는 문자를 해설했으나 그것을 金文에서 발견할 수 없는 경우에 두 가지의 방식으로 처리했다. 하나는 許愼의 문자해설을 전적으로 수용하는 경우이다. 대표적인 예로 '齒'자를 들 수 있는데 『說文解字』의 설명을 수록해 놓은 뒤, 『說文解字』에서는 이 '齒'자 부수에 속해 있는 46자를 해설했음에도 불구하고, 다만 '鍾鼎에 보이지 않음(不見鍾鼎)'이라고만 간단하게 언급하고는 더 이상의 설명을 붙이지 않았다. 이것은 金文을 기준으로 문자해석을 시도하는 입장에서 金文에서 발견할 수 없는 문자들에 대해 불확실한 추정을 삼가기 위한 철저한 연구자세에서 유래한 것으로 보인다. 그리고 다른 하나는 비록 유물에 해당 글자는 확인할 수 없더라도 주변의 문자에서 살필 수 있는 근거가 있는 문자라면 최대한으로 이용하여 새로운 문자해석을 시도했다는 점이다. 이에 대한 예는 뒤에서 구체적으로 밝히고자 한다.

B. 文字解說 方式

朴瑄壽는 『翼徵』에서 청동기 유물에 새겨져 있는 金文에 의한 철저한 고증과 유학자로서의 자세를 바탕으로 문자해설을 전개했는데 그 실례는 다음 章에서 『翼徵』과 『說文』을 구체적으로 비교할 때 이 부분은 자세하게 다루어질 것이므로 여기서는 간략하게 문자를 해설하는 방식만을 제시하고자 한다.

'天' 字를 예로 들면 朴瑄壽가 天字의 徵字로 제시한 金文은 □·□·□·□ 등이며 많은 유물에서 발견되기 때문에 출처를 명시하지 않았다. 許愼이 해석한 天의 의미와 형성은 「顚也, 至高無上, 從一大 他前切」이었다. 즉 許愼은 一과 大가 결합하여 天이 되었다고 했으나 朴瑄壽는 이와 다르다. 朴瑄壽는 금명에 의거 '□'와 '□'를 구분하였던 것이다. 그에 의하면 金文에 '□'라고 쓴 것은 大命·大事·大臣·大夫 등에서 사용되었으니 이는 크다 작다할 때의 大이고, '□'는 大廟·大室·大保·大祝 등에서 쓰였으니 '매우·심하다'라는 뜻의 太인 것이니 구분되어야 마땅하다[1])고 해설하고 있다.

朴瑄壽는 이어 大와 太는 고대에 크게 버티는 것은 □라고 쓰고 솟아 있는 것은 □이라고 써서 구별하였는데, 少篆에서 □를 □로 고쳐쓴 것은 今文에서 大라고 하여 古文을 고친 것이니 그 해설이 잘못된 것을 지적하였다. 그리고 □의 뜻은 지극히 커서 더할 것이 없는 것이므로 '甚'의 의미를 갖게 되는 것이니 '天'字가 □에서 유래되었음은 해설을 기다리지 않아도 명백하다고 보충했다.[2])

---

1) 朴瑄壽. 說文解字翼徵. 卷 1.
有作□者 行於大命大事大臣大夫 則大小之大也 有作 □者 行於大廟大室大保大祝 則太甚之太也.)

2) 朴瑄壽. **說文解字翼徵**. 卷 1.
(大太在古 以闊拄作□ 竦立作□ 爲別 而小篆改 □作□ 乃謂今文大改古文其

여기에 다시 金文을 인용하여 증명하였는데, 周代 후기의 유물에 '天'字가 비록 一을 따르기도 하였으나 그것이 를 따른 것이지 를 따르지 않은 것은 스스로 확실하다고 주장하였다. 小篆에는 를 고쳐 라고 했으니 그러므로 小篆에서 天을 간혹 이라 쓰기도 하니 또한 곧 太를 따른 것이다 라는 점도 부기하였다.[3] 天字에 대한 해설 중에서 가장 중요한 것은 朴瑄壽가 天을 字로 분류한 것이 아니라 文으로 인정한 사실이다. 이는 許愼이 天이 一이라는 文에 속하는 字였다고 설명한 것과는 정반대의 주장이다. 文은 원시구조의 初文이므로 둘 또는 그 이상의 독립성분으로 분석이 불가능한 獨體의 單字이며, 字는 初文의 배합으로 생성된 것으로 둘 또는 그 이상의 文으로 분석이 가능한 合體인 것이다.[4] 이것은 許愼도 자신이 쓴 「說文解字原序」에서 밝혀놓은 것이었다.[5] 따라서 天을 각각 文과 字로 구별하는 許愼과 朴瑄壽의 관점에는 많은 차이가 있는 것이다. 朴瑄壽의 해설은 다음과 같다.

> 처음부터 渾圓함을 따른 것이지 一을 따르지 않은 것이다. 渾圓은 會意이지 文이 아니니 天은 의탁할 부수가 없으므로 스스로 文이 되는 것이다.……또한 여러 증거를 기다리지 않더라도 만물의 어버이로서 文이 되지 않고 字가 된단 말인가?[6]

朴瑄壽는 위의 설명에서 보듯이 두 가지의 기본적 방식, 즉 청동

說非也 義至大無加 故爲甚意 則天之從 不待說解而明矣)

3) 朴瑄壽. **說文解字翼徵**. 卷 1.
(晩周金銘天字雖或從一 其從 不從 則自如也 小篆 改爲 故小篆天字或作 亦則從太也)

4) 李敦柱. **漢字學總論**. 卷 1. pp. 108~109.

5) 許愼."**說文解字原序**".
(蓋依類象形 故謂之文 其後形聲相益 卽謂之字)

6) 朴瑄壽. 說文解字翼徵. 卷 1.
(其初從渾圓 不從一 渾圓是會意而非文 則天無以託部 自歸於文 ……且不待諸證 以萬物之父 而不爲文而爲字哉)

기시대 유물에 새겨져 있는 金文에 의한 고증, 그리고 전형적인 유학자적 사고방식에 의한 문자해설을 시도하고 있음을 알 수 있다. 특히 위의 해석에서 볼 수 있듯이 天은 만물의 어버이와 같은 의의를 지니고 있는 소중한 글자인데 이것이 文이 아니고 字라는 것을 받아들일 수 없다는 것이 그의 주장이다.

C. 『說文解字翼徵』에 이용된 資料

『翼徵』은 주로 청동기시대의 유물에 새겨져 있는 문자를 가지고 『說文』의 오류를 바로 잡고자 하였기 때문에, 金文이 가장 중요한 참고자료였다. 金文도 許愼이 문자해설의 대상으로 삼았던 것보다 훨씬 古代의 漢字가 갖고 있던 字體를 보여준다는 점에서 대단히 중요하다. 그리고 이를 근거로 문자해설을 시도했던 朴瑄壽의 방식은 적절했다고 판단된다. 그러나 이에 그치지 않고 詩經과 書經을 비롯한 經典과 史書, 禮記, 戰國策, 釋文, 爾雅 등 여러 서적과 그것의 註를 두루 참고하였음을 알 수 있다.

1) 靑銅器 遺物

『翼徵』에서 확인할 수 있는 청동기 유물의 종류도 다양하여 器皿類7)인 鍾·鼎·簠·簋·敦·壺·卣·匜·盤·鬲·盉·爵·彝·觶·尊·角·盉·豆·斝 등과 악기류인 鼓·磬, 武器類인 斧·刀·槍·戈·戟, 그리고 고대의 화폐(幣)나 부녀자들의 살림도구인 銶 등이 인용되어 증거로 사용

7) 器皿類는 祭器와 酒器, 日常用器, 度量衡器 등으로 세분되지만 여기서는 같은 종류로 분류하였다.

되었다. 이중에서 가장 많이 등장하는 것은 鍾·鼎·敦 등이다.

『翼徵』이 참고한 청동기 유물은 <표3>과 같다.

<표 3> 翼徵에 이용된 靑銅器 遺物

類型	種類	遺物名				
器皿類	鍾	虢叔鍾	宗周鐘	齊侯鍾	子璋鐘	僕兒鐘
		[illegible]狄鍾	兮仲鍾	徐子鍾	兮弓鍾	徐王子鍾
		沇兒鍾	虘部鍾	弔和鍾	丼叔鍾	
		無子鐘	虘鍾	丼人鍾	鄭邢叔鍾	
		邛仲鍾	盄龢鍾	宋公 鍾	寶棽鍾	叔氏鍾
		楚良臣鍾	寶林鍾	秦弔和鍾	虘鍾	戲鍾
	鼎	毛公鼎	土喜鼎	太祝禽鼎	攸鼎	遲伯鼎
		蔑鼎	盂鼎	穆公鼎	[illegible]鼎	曶鼎
		籚鼎	公韋鼎	鄭原父鼎	叔旡父鼎	
		父乙鼎	孟鼎	[illegible]公鼎	宋公鼎	王子吳鼎
		諆鼎	頌鼎	施鼎	伯舅鼎	[illegible]鼎
		仲偁父鼎	大鼎	晉姜鼎	師奎父鼎	文父丁鼎
		康鼎	吾鼎	父癸鼎	父違鼎	叔從鼎
		白達鼎	芫鼎	伯鉊父鼎	玆鼎	公緘鼎
		鄦惠鼎	父辛鼎	甚諆鼎	匽侯鼎	己亥鼎
		彭女鼎	龍節趯	亥鼎	奎父鼎	趠鼎
		應公鼎	南官鼎	季娟鼎	李員鼎	魚冶妊鼎
		中斿鼎	宥父辛鼎	寓鼎	索諆鼎	盧鼎
		戎都鼎	鄭同媿鼎	娟氏鼎	[illegible]欒鼎	伯姬鼎
		伯頵父鼎	伯碩父鼎	[illegible]父鼎	絲駒父鼎	師湯父鼎
		叔浓鼎	庈父鼎	包君鼎	中旅鼎	衣軍鼎
		父丁鼎	㪟[illegible]鼎			
	簠	陳侯簠	曾伯簠	曾黎簠	鄦子簠	張仲簠
		鄦子狀簠	陳曼簠	史黎簠	穴簠	郲太宰簠

		叔[illegible]簠	陳猷簠	季良父簠	尹氏簠	史穴簠
		若子簠	叔姑簠	實簠		
	簋	寅簋	格伯簋	叔興父簋	叔倉父簋	周㺃簋
		遲簋				
	敦	格伯敦	蘇公敦	史頌敦	師索	靜敦
		小子師敦	橋祀敦	陳侯敦	師虎敦	酉敦
		師𠪚敦	趞敦	追敦	太保敦	遺小子敦
		城虢敦	白達敦	師遽敦	遽伯敦	敽敦
		仲虘又敦	叔桒父敦	攸敦	[illegible]敦	都公敦
		毀敦	[illegible]伯敦	貞敦	宰椃敦	穴敦
		尹叔敦	[illegible]父癸敦	[illegible]戎敦	效敦	寺季敦
		牧敦	橋祠敦	㡯始敦	公如敦	師龢父敦
		龍敦	畢仲敦	叔向父敦	卯敦	彙敦
		伯虎敦	師含敦	兮仲敦	豊丂敦	豊敦
		豊姞敦	召伯虎敦	宰父敦	白廚敦	師[illegible]敦
		伯致敦	杞伯敦	肇父敦	師田父敦	鄦侯敦
		邿遺敦	伯[illegible]父敦	癸姜敦	[illegible]敦	楙癸敦
		師[illegible]父敦	宵敦	貞敦	畢仲敦	辛敦
		叔臨敦	師舍敦	登公子敦	父庚敦	然虎敦
		𠪚敦	公姬敦	[illegible]敦	彖伯敦	伯厚父敦
		晉姬敦	函皇父敦	女康敦	城虢敦	彖伯㦸敦
		伯㦸敦	仲[illegible]父敦	宗婦敦	季保敦	者公敦
		伯㦸父敦				
	壺	季良父壺	頌壺	史壺	司寇壺	衛姬壺
		[illegible]壺	兮[illegible]壺	彭姬壺	虞司寇壺	邛君婦壺
		[illegible]壺	史懋壺	聿屬壺	齊侯壺	
		仲考父壺	伯壺	疊妊壺		
	卣	丁琥卣	朮卣	㺃子卣	連卣	尹卣

		衛父卣	乙酉父丁卣	辛子卣	母辛卣	瞿且丁卣
		邑卣	寡子卣	批白卣	庚罷卣	
		父姞卣	樂司徒卣	遺卣	㪔卣	圖卣
		安父卣	累卣	叉卣	井季卣	效卣
		淮父卣	汪伯卣	公姑卣	姞庚卣	父乙卣
		父癸卣	戈卣	輂卣		
	匜	蘇甫匜	叔男父匜	孟姜匜	蘇父匜	蘇甫人匜
		叔娟匜	史頌匜	田季匜	𣪕女匜	孟嬀匜
		魯大司徒匜				
	盤	虢季子盤	氏盤	中子盤	兮白盤	鄦甫盤
		多父盤	拍盤	伯厚父盤	邛仲盤	
		兮伯盤	索盤	兮田盤	伯戔類盤	
	鬲	番君鬲	召仲鬲	單伯鬲	唯叔鬲	羲妣鬲
		𦫵公鬲	郳伯鬲	帛女鬲	虢妃鬲	戲伯鬲
		伯兪鬲	邾伯鬲	王母鬲		
	盦	晉公盦				
	爵	唐子自乙爵	美爵	山丁爵	且丁爵	
		父戊爵	獸爵	父己爵		
	彝	㮣妃彝	亢彝	吳彝	幽彝	
		伊彝	紃妃彝	㠭彝	居後彝	
		父丁彝				
	觶	遽仲觶	父戊解			
	尊	擤尊	亞尊	御尊	日戊尊	效尊
		兄丁尊	父丁尊	高尊	乙酉尊	吳尊

		召公尊	亞守尊	傳尊	叉尊	吳方尊
		臤尊	遽尊	師遽尊	殷敎尊	父乙尊
		師田父尊				
	角	父乙角	索諆角	丙申角	白角	
	盉	穴盉	兹女盉	父盉	季良父盉	史孔盉
	陶器	省古陶器				
	豆	母豆	太師豆			
	缶	陳猷缶	陳子缶	子禾缶	子朱子缶	
	甗	陳公子甗	龔妊甗	器甗		
	斝	父丁斝				
	觚	父丁觚				
	盂	索伯盂(盂)				
	罍	欽罍				
	甑	齊侯甑				
樂器	鼓	石鼓				
	磬	窖磬	瘖磬			
武器	斧	幼衣	大叔斧			
	刀	齊節墨刀				
	槍	可伯槍				
	戈	[illegible]戈	秦子戈	濯戈	宋公佐戈	
	戟	龍伯戟				
기타	弊	梁鍰弊	周弊	宅陽弊	空首弊	
	鉥	周鉥				
	鎛	齊侯鎛				
	石	詛楚石				

	銘	金銘
	鋪	劉公鋪
	木	距木古木
	[illegible]	齊侯[illegible]

2) 典籍

朴瑄壽는 자신의 문자해석을 객관적으로 증명하기 위해 유물뿐만 아니고 典籍을 많이 활용하기도 했다. 許愼도『說文』을 저술하면서 이전의 많은 서적을 참고하였는데 許愼은 동시대 학자의 의견을 수렴하였으나, 朴瑄壽는 淸代 說文學者들의 저술을 크게 참고하지 않고 고대의 전적만을 참고했다는 점이 다르다. 대표적인 例로 鴻字에 대한 설명을 살펴보기로 한다.

> 鴻字는 鍾鼎에 보이지 않으나『前漢書』에 洪水를 鴻水라고 썼으니, 혼자 생각해 보건대 상고해야 할 것이 있다. 어찌해서 이런 말을 하느냐면, 鳫과 瑾는 隹部에 보이며 重文을 瑦라고 썼으니 鴻이 새 이름이 아니고 물의 이름인 것을 알겠다.[8)]

청동기 유물에 보이지 않는다는 이유로 자신의 견해를 굽히는 것이 아니라 다른 증거를 제시함으로써 논리적 타당성을 얻고자 하는 朴瑄壽의 면모를 잘 알 수 있는 예이다. 이때 그는 누구나 인정하는 經書나 史書를 인용하였는데 여기에서는『前漢書』의 기사를 사용하였다.

朴瑄壽가 참고한 典籍은 <표4>와 같다.

---

8) 朴瑄壽. 說文解字翼徵. 卷4.
(鴻字不見鍾鼎 而前漢書 洪水作鴻水 竊謂有稽 何以記 鳩瑾字見隹部 而重文作瑦 可知鴻非鳥名乃水名也.)

<표 4>『說文解字翼徵』이 참고한 典籍

區 分	書籍名
經書類	詩經, 書經, 周易, 論語, 孟子, 禮記, 莊子
史書類	史記, 前漢書
字典類	說文解字, 釋文
其 他	博古圖, 阮諶禮圖, 積古齋鍾鼎彝器款識

전적의 이름만을 들면 위와 같이 간단하지만, 주지하듯이 각 전적에는 수많은 篇名이 있으며 또, 註釋이 있어서 상당한 양이 된다. 특히 朴瑄壽는 저작의 특성상 經典이나 四書의 註疏를 많이 인용하였음을 밝혀둔다.

Ⅳ.『說文解字翼徵』과『說文解字』

A. 構成上의 特徵

1)『說文解字』

(1) 構成

『說文』은 본문 14卷과 序·標目·後序 그리고 許愼이 아들 許沖이 지은 進書表 등으로 구성되어 있다. <四部備要>에 포함되어있는『說文解字眞本』을 중심으로 살펴보면 먼저「重刻說文解字叙」가 있으며, 그 뒤에「說文解字標目」이 있다. 이「標目」에는『說文』14卷에서 다루고 있는 540部首가 나뉘어져 각 권별로 수록되어 있는데 문자배열 순서는 卷1의 一字로부터 卷14의 亥字까지이다. 각 部首의 字體는 篆字體이며 글자 바로 밑에 그 部首가 다시 楷書로 쓰여 있고 反切로 音이 표시되어 있다. 이어 14卷으로 나뉘어 문자를 해설하였는데 모두 9,353개의 문자와 1,163개의 重文, 도합 10,516 글자가 해설되어 있다. 그리고 卷 15上에 許愼이 지은 序文이 있고 9,353자의 자형구조 및 의미를 나타내는 편방에 의해 540개의 部首를 순서대로 다시 적어 놓았다. 그리고 卷 15下에는 許愼이 後叙와 徐鉉이 지은 後序가 덧붙여져 있다.

각 부수별 문자 해설 순서는 먼저 해당 部首를 설명하고, 그 部首에 속하는 글자들을 나열하면서 해설한 뒤 맨 뒤에 해설한 문자의 숫자를 文과 重으로 나누어 기록해 놓았다. 예를 들면 一字 部首의 경우, 部首字 밑에 '오직 처음에 크게 시작하는 것이다. 道는 一에서 세워지며, 나뉘어 天地를 조성하고 변화하여 만물을 이룬다. 무릇 一에 속하는 것은 모두 一을 따른다'라고 설명되어 있으며,1) 於悉切이라는 反切表記가 있다. 그리고는 一·元·天·丕·吏 등 5字가 설명되어 있다. 弌은 一의 古文이므로 重文이며 실제로는 一을 포함하여 다섯 개의 문자가 一部에 속하는 글자인 것이다. 따라서 말미에 文五·重一이라고 명기되어 있다. 여기에 重文하나는 위의 弌을 말하는 것이다. 각 글자에는 설명이 부기되어 있는데, 天字를 설명하면서 '가장 높은 곳이다. 지극히 높아 위가 없다. 一과 大를 따른다(顚也 至高無上 從一大)'라고 한 것은 대표적인 例이다. 이 예를 보면 『說文』의 문자해설 과정은 해설하고자 하는 문자와 가장 근사한 뜻을 갖고 있는 다른 문자로 그 문자의 뜻을 설명하는 부분과, 그것을 다시 간략한 문장으로 보충 설명하는 부분, 그리고 해당문자의 형성원리 부분으로 구성되어 있음을 알 수 있다. 天字에서의 예를 보면 각각 顚也, 至高無上, 從一大 등으로 구분된다. 대부분의 문자해설이 이 3부분으로 구성되어 있지만 간혹 어느 한 부분이 생략되는 수도 있는데, 그럴 경우에도 세번째 형성원리부분이 빠지는 예는 발견하기 어렵다.

(2) 偏旁編字法

이 방식은 『說文』의 가장 큰 특징 중의 하나로 글자들을 형태에 따라 540部로 나누어 글자의 部首를 판별하여 분류하고 字形구조 및 의미에 따라 계통적으로 연관시킴으로써 한자를 체계적으로 분류한 것이다.2) 540部의 배열순서는 '一'部에서 시작하여 '亥'部이다.

1) 許愼. **說文解字**. 卷 1.
(惟初太始 道立於一 造分天地 化成萬物 凡一之屬 皆從一.)

만물이 '一'에서 시작하여 12支의 마지막에 오는 地支인 동시에 음력 10월을 나타내는 '亥'에서 끝난다고 보는 五行說에 기초한 배열법으로 되어 있다. 540개의 部首는 기본적으로 글자 모양이 비슷한 것 즉 자형이 서로 비슷한 것끼리 연결해 나가는 순서로 배열되어 있다. 그리고 각 부안에서의 배열 원칙은 3가지가 있는데, 첫째 중요 글자 뜻을 가진 글자는 앞에 그리고 좋지 않은 뜻을 가진 글자는 뒤에 둘째, 고유명사는 앞에 일반 명사는 뒤에 셋째, 뜻이 비슷한 글자 등은 가까이 배열하여 각 부안에서 배열된 글자들을 찾아보기 쉽게 하였다. 許愼이 創案한 이 분류법은 복잡하고 다양한 한자를 맨 처음으로 유형분류했다는 점에서 대단한 의의를 지닌다. 여러 학자들이 동조하고 있듯이 許愼의 이 분류법은 許愼의 천재적 독창성에 의해서 이루어진 것이고, 『說文』이후 지금까지도 部首로 한자를 분류하는 모든 字典類가 사용하는 가장 기본적인 방법이 되고 있다. 許愼의 의도를 가장 정확하게 이해하고 있던 것으로 알려져 있는 段玉裁는 이 偏房編字法에 대해 다음과 같이 자신의 견해를 밝혔다.

> 許愼은 音이 義에서 생기고 義는 形에서 드러나게 되는 것이니, 聖人이 글자를 만들 적에 義가 있음으로써 音이 있고 音이 있음으로써 形이 있게 되었으므로 배우는 자들이 글자를 알고자 할 적에는 반드시 형체를 잘 살펴 音을 알아야 하고 音을 살펴 義를 알아야 한다고 생각하였다. 성인이 글자를 만들 적에 진실로 형체를 본뜸으로부터 시작하였으니 있는 글자를 합하여 그 部首를 540개로 나누고, 매 부수에는 각각 그 머리(首)되는 글자를 세우고 같은 부수를 갖는 글자들은 '무릇 아무 부수에 속하며, 모두 무엇 무엇을 따른다'라고 하였다. 이렇게 되자 形이 세워지면서 音·義가 쉽게 밝혀지게 되었다. 무릇 글자들은 반드시 속하는 부수가 있으므로 540字가 천하고금의 모든 글자를 거느릴 수 있으니 이것은 그 이전에 없었던 서책이며, 許愼이 독창한 것이다.[3]

---

2) 陸宗達. **說文解字通論**. 金槿譯. 大邱, 啓明大學校出版部. 1986. p. 15.

段玉裁가 설명하고 있는 것처럼 許愼은 문자를 形·音·義의 세 가지 관점에서 관찰함으로써 한자의 특성을 정확하게 이해하고 총체적으로 파악할 수 있었다. 다시 말하면 許愼은 漢字가 表意文字라는 사실을 깨닫고 있었던 것이다. 따라서 『說文』 이전의 字書들이 단순히 字義에 따라 편집되었던 것과는 달리 획기적인 偏房編字法을 창안하게 되었다.

『說文』에서 다루고 있는 총 글자 수 9,353개를 540部首로 구분했기 때문에 1部首에 약 18字 정도 되지만 540 部首중에 11字 이상을 수록하고 있는 것은 101 部首에 지나지 않는다. 그러므로 8할 정도의 部首는 1字 이하인 셈이다. 그리고 1字 밖에 없는 것이 36部이고 2字의 部도 158部를 차지하고 있다. 현재의 字書가 대부분 100部전후인데 비하여 許愼의 540部는 정리되지 못한 느낌을 주지만,[4] 이처럼 구별하여 분류할 수 있다는 생각만으로도 이 분류법의 가치는 중요하지 않을 수 없는 것이다.

---

3) 段玉裁. **說文解字注**. 卷15上.
이 인용은 段玉裁가 許愼의 『說文解字後叙』에 나오는 '分別部居 不相雜厠也'라는 귀절을 해설하는 과정에서 한 말이다.
(許君以爲音生於義 義著於形 聖人之造字 有義以有音 有音以有形 學者之識字 必審形以知音 審音以知義 聖人造字 實自像形始 故合所有之字 分別其部 爲五百四十 每部各建一首 而同首者 則曰 凡某之屬皆從某 於是形立而音義易明 凡字必有所屬之首 五百四十字 可以統攝天下古今之字 此前古未有之書 許君之所獨栁)

4) 福田襄之介, **中國字書史の 硏究**. 東京, 明治書院, 1979. p. 110.
(許愼は九千三百五十三字仁に 對して五百四十部首わ建てていゐ. 一部首に屬する漢字の數は平均十八字に滿たなにことになゐ. 五百四十部のうち, 十一字以上を收めているのは百十一部過きない. 五分の四は十字以下でめる. 一字しかないもの三十六部, 二字のもの百五十八部を 占めるといら實狀でめる. 現行の字書が百部前後でめるのに比べてやや未整理の感があるが.)

(3) 六書法에 의한 분석

六書法은 중국의 고대문헌에도 보이는 것으로 한자의 형성원리를 규명하기 위한 연구방법이었다. 許愼이전에 劉欽이 『七略』에서 象形・象事・象意・象聲・轉注・假借로 명명하여 이것이 造字의 근본인 것으로 여겼다. 許愼은 指事・象形・形聲・會意・轉注・假借로 六書法을 설명하였는데 현재 六書法은 許愼이 명명한 細目을 사용하면서, 劉欽의 순서에 의거하고 있어 주목된다. 이밖에 鄭衆이 象形・會意・轉注・處事・假借・諧聲으로 분류하기도 하였으나 후세에 채택되지 않았다.5) 鄭衆이외에도 많은 학자들이 나름대로 六書에 관해 언급하였으나 지금까지 인정되는 것은 없다.6)

『說文』은 六書法으로 한자를 분석한 최초의 저작이다. 許愼은 한자의 자형구조를 두 가지로 나누어 생각했는데 하나는 형체를 분리

5) 陸宗達, **說文解字通論**. 金槿譯. 大邱, 啓明大學校出版部, 1986. pp. 65~66

6) 林尹. **文學學概說**. **臺灣**, 正中書局, 1971 p. 52에서 六書를 정리한 학자 14명의 이론을 수록해 놓았다.

班　固	漢書禮文志	象形.象事.象意.象聲.轉注.假借
鄭　衆	周禮解고	象形.會意.轉注.處事.假借.諧聲
許　愼	說文解字叙	指事.象形.形聲.會意.轉注.假借
衡　恒	四禮書勢	指事.象形.形聲.會意.轉注.假借
顧野王	玉　篇	象形.指事.形聲.轉注.會意.假借
陣彭年	唐　韻	象形.會意.諧聲.指事.假借.轉注
鄭　樵	通志六書略	象形.指事.會意.諧聲.轉注.假借
王應려	困學紀聞	象形.指事.會意.諧聲.轉注.假借
張　有	復古編	象形.指事.會意.諧聲.假借.轉注
趙古則	六書本義	象形.指事.會意.諧聲.假借.轉注
吳元滿	六書本義	象形.指事.會意.諧聲.假借.轉注
載	六書故	指事.象形.會意.諧聲.轉注.諧聲.假借
揚　恒	六書溯源	象形.會意.指事.轉注.諧聲.假借
王應電	同文備考	象形.會意.指事.諧聲.轉注.假借

시킬 수 있는 글자이고, 다른 하나는 분리시킬 수 없는 것, 또는 분리시켜 놓으면 독립적으로 형태를 이룰 수 없는 것이다. 許愼은 분해 가능한 형체에 대해서는 會意나 形聲으로 해설하였으며 더 이상 분해 불가능한 형체에 대해서는 象形이나 指事라고 명기하였다. 이런 점에서 볼 때 고대의 六書法의 내용은 許愼에 의해 맨 처음 천명되었으며 漢代 古文學者들의 문자학 계통은 『說文』의 출현으로 인하여 명확하게 세워지게 되었다고 할 수 있다.7)

(4) 文字解說의 集大成

許愼은 위에서 본 바와 같이 창조적 관점을 갖고 있는 한편 『說文』을 지으면서 기본적으로 자신 이전의 여러 학설을 주의 깊게 살피고 검토하여 문자해설의 바탕으로 삼는 자세를 갖고 있었다. 다시 말하면 그는 전통적 학설을 중시하는 인물이었다. 許愼은 자신이 쓴 後叙에서 '널리 통달한 사람을 모았다(博采通人)'라고 천명하였다. 여기서 通人은 고대에 있어 문자해설에 달통했던 자들로 보아 무방하며, 段玉裁에 의하면 이들은 孔子·楚莊王·韓非子·司馬相如·淮南王·董仲舒·劉欽·揚雄·爰禮·尹彤·逯安·王育·莊都·歐陽喬·黃顥·譚長·周成·官溥·張徹·寗嚴·桑欽·杜林·衛宏·徐巡·班固·傅毅 등이었다.8) 許愼은 이 많은 선배학자들의 문자해설에 관심을 갖고 그것들을 집대성하여 하나의 완성된 체계를 이루었던 것이다. 위의 인물들뿐만 아니라 수많은 經典과 字集類를 참고하기도 하였다. 그는 字義를 풀이하는데 있어서 주로 고대문헌의 생동하는 언어실제 중에서 語義를 면밀히 분석, 연구한 후에 개괄, 귀납

7) 劉葉秋. **中國字典史略. 臺灣**, 源流出版社, 1984. p. 17.
(淸代古文學家的文字學系統, 也因 說文解字的出現 而明確地建立起來)

8) 段玉裁. **說文解字注**. 卷 15.
(博采通人 至於小大 信而有證)이라는 許愼의 말을 註解하면서 위의 인물들을 열거하였다.

함으로써 모든 글자의 훈고를 확정지었다.9) 許愼이 증거로 인용한 古書는 『禮記』·『尙書』등 경전을 비롯하여 『山海經』·『楚辭』등에 이르러 가히 이전의 서책을 총망라했다고 할 수 있다. 따라서 고증과 증거제시에 중점을 둔 許愼의 학문적 합리성으로 인하여 『說文』은 가치 있는 저술로서의 위치를 차지하게 된 것이다.

(5) 漢字의 源流와 發展段階 整理

許愼은 後叙에서 '지금의 篆字를 쓰면서 古籒字를 합하였다'고 말하여10) 자신이 사용한 글자들이 중국 고대 문자의 정통을 고스란히 이어 받은 正體의 한자임을 밝혔다. 許愼이 篆文이라고 한 것은 秦代에 李斯가 정리한 篆字, 즉 小篆을 말한다. 그런데 이 小篆의 뿌리가 大篆이라고도 불리는 籒體의 문자이고 이것의 이전이 소위 古文이라고 하는 원시형태의 한자인 것이다. 따라서 許愼은 가능한 한 古代에서부터 流變되어 온 古代漢字를 고찰한 뒤 이들 모든 서체를 종합하여 하나의 正體字를 만들어 문자해설을 시도하였음을 알 수 있다. 그러나 후술하겠지만, 許愼은 金文을 관심 있게 다루지는 않았다. 여기에서 그친 것이 아니라 당시 漢代에 쓰이던 篆字를 今文 혹은 俗文이라 하여 註에 인용하기도 했다. 여기서 俗文이란 訛體篆字인 것이다. 이밖에도 許愼은 각지의 方言이나 古語, 金石文에 새겨진 글자 등 인용가능한 모든 자료를 사용하여 『說文』을 저술하였으니 이러한 노력으로 인해 한자의 원류와 발전되어 온 과정을 정리한 의의를 갖게 되는 것이다.

『說文』은 중국 문자학사상 字形을 분석하고 字義를 해설하며 聲讀을 가려놓은 최초의 字典으로서 의의가 있다.11) 許愼이 정리한 이 『說

---

9) 劉葉秋. **中國字典史略**. **臺灣**, 源流出版社, 1984. p. 38.

10) 許愼, **說文解字**. 「後叙」.
(今叙篆文 合以古籒)

文』은 당시의 많은 經學家와 文字學者들의 연구 성과를 검토하고 편성한 것으로 일종의 總結的 의미를 갖는 저작이다. 이 저작에는 대부분의 先秦時代의 字體와 漢代이전의 적지 않은 문자에 대한 훈고가 보존되어 있으며, 上古時代 漢語의 語彙的 면모가 반영되어 있고, 문자의 계통을 비교하여 문자를 분석하였다. 이러한 가치로 인해 『說文』은 현재에 이르기까지 古文字學과 古漢語를 연구하는데 필수적인 자료로 사용되고 있다. 만약 『說文』이 없었다면 지금 秦漢代의 篆書를 알아 볼 수 없었을 것이며, 동시에 商代의 甲骨文字와 商周의 鍾鼎文, 戰國時代의 古文을 구별하고 인지할 수 없었을 것이다.12)

(6) 限界

위에서 설명한 바와 같이 『說文』은 문자학 상 典範이 되는 명저이다. 그러나 『說文』이 완벽한 저술이라고는 할 수 없다. 『說文』은 약간의 오류와 한계가 있다. 이들을 수정하기 위하여 많은 학자들이 각자의 견해를 제시하여 하나의 학문집단을 이루기도 하였으니 이들을 說文學派라고 부르며 『翼徵』을 저술한 朴瑄壽도 이들 중의 한 사람이다.

『說文』의 한계 중에서 許愼이 안고 있던 오류로 지적되는 첫 번째 문제는 지나치게 봉건주의적 사고방식에 충실하였다는 점이다. 許愼은 文字라는 것이 經書의 근본이며 王政의 기초라고 생각하였다.13) 이것은 『說文』의 저술목적이 당시 봉건시대지배계층에 대한 정치적 봉사에 있었음을 말해주는 것이며, 이 저술의 완성 후 병중에 있던 許愼이 그의 아들을 시켜 君主에게 進上토록 한 것도 이와 같은 맥

---

11) 陸宗達, **說文解字通論**. 金槿譯. 大邱, 啓明大學校出版部. 1986. p. 13.

12) 劉葉秋. **中國字典史略**. 臺灣, 源流出版社, 1984. p. 23.
(如果沒有 部書的流傳, 我們將不能認識秦漢的篆書 更不要說辨認商代甲骨文和商周的鍾鼎文與戰國時的古文了)

13) 許愼. **說文解字**.「敍」.
(文字者 經藝之本 王政之始)

락에서 이해된다. 이러한 자세는 문자해설 상에서도 억측을 유래시켜 오류를 가져왔다. 대표적인 例로 王字에 대한 해석을 들 수 있다. 王은 본래 갑골문에서 '[illegible]', 종정문에서 '[illegible]'으로 쓰여 있는 글자로 도끼를 상형한 문자이며 피지배자들을 도끼로 다스리는 강력한 권한을 가진 지배자를 의미하는 문자였다.[14] 그러나 許愼은 天·地·人을 통달한 자가 王이라고 하여 당시의 군주들에게 阿諛한 사실을 드러내고 있다.

둘째, 과학적 사고방식의 결여를 들 수 있다. 許愼이 참고한 字體들은 周의 末期에서 秦代이래 漢代에 이르는 시대의 것이어서 甲骨文은 아직 출토되기 전이며 金文도 또한 극히 소량이 출현하였던 실정이어서 견문의 제한을 받을 수밖에 없었다. 예를 들면 有字를 해설하면서 許愼은 有字의 月을 달(月)로 보아 日蝕현상에서 달(月)이 해(日)를 먹는 것으로 생각하였으나 근대 고문자 연구자들은 여기서의 月이 肉임을 증명하여 有는 손([illegible])으로 고기덩이를 가지고 있는 모양을 상형한 글자임을 밝혀 놓았다.

셋째, 金文을 소홀히 취급했다는 단점을 들지 않을 수 없다. 물론 許愼이 활약했던 때에 발견된 청동기 유물은 美陽鼎과 中山甫鼎 등 두개뿐이었으며 여기에 새겨진 글자들이 전대의 古文과 서로 비슷하여 許愼의 이 문자에 관심을 크게 두지 않았기 때문에 간혹 문자해설 상에 오류를 초래하게 된 것이다.

넷째, 이밖에도 540部首로 인한 분류법을 강조하다 보니 重文으로 처리해야 할 것들이 독립부수로 된 것이 있으며, 체제 편집상에 문란한 점도 있다.[15] 예를 들면 水部는 468개의 文字에 39개의 重文, 艸部는 445文, 31重文으로 되어 있으나 한 글자만 있는 气·告·爻

---

14) 許愼. **說文解字**. 卷一.
(王 天下所歸往也 董仲舒曰 古之造文者 三畫而連其中 謂之王 三者天地人也 而參通之者 王也 孔子曰 一貫三爲王 [illegible]古文王)

15) 陸宗達. **中國字典史略**. 臺灣, 源流出版社, 民國73. pp. 285~306 참조.

部 등과 부수만 있고 한 글자도 없는 夊·彔·克·才部 등이 혼재해 있어 편집상의 문제를 노정시키고 있다.

이상과 같은 문제점을 안고 있는 것이『說文』의 실정이고, 이를 수정·보완하기 위해 많은 연구가 이어진 것은 사실이다. 그러나 이상의 몇 가지 오류와 한계에도 불구하고『說文』이 갖고 있는 문자학에서의 位相이 위축되지는 않는 것으로 보인다.

2)『說文解字翼徵』

『翼徵』이 저작된 근본적 목적은『說文』이 저술당시부터 구조적으로 안고 있는 몇 가지 오류를 수정·보완하기 위한 것이었다. 이것은『翼徵』만이 그런 것이 아니라『說文解字注』를 비롯한 청대 설문학파의 여러 저술도 마찬가지였다. 그러므로 이들의 저술이『說文』의 체재와 구성, 문자해설방식 등을 전면적으로 부정하거나 수정하지는 않았다. 다만『說文』의 한계와 문제점을 각자 발전적으로 보완하기 위해 자신들이 주장을 개진한 것이었다.『翼徵』도『說文』의 전체적인 체제나 구성에 대해 비판하지는 않았다. 따라서『翼徵』의 구성은 근본적으로『說文』의 구성과 같을 수밖에 없다. 그러나 문자해설방식을 비롯하여 몇 가지 특징이 있으며 이것이『說文』과『翼徵』의 비교를 가능하게 한다.

(1)『說文解字』의 構成

『翼徵』은 14卷 6冊으로 편찬되었는데 14卷으로 分卷한 이유는『說文』과 같은 구성을 택하였기 때문이다. 맨 처음 金允植(1835~ 1922)이 쓴 序文과 출판경위를 기록한 글이 附記되어 있으며 다른 序文이나 標目이 없이 곧바로 一卷이 시작된다. 각권의 卷頭에 潘南朴瑄壽溫卿治,

淸風金晩植器卿習이라고 적혀 있어 朴瑄壽가 연구하고 확정한 문자해설을 金晩植(1834~1900)이 교열하였음을 명기해 놓았다. 14卷의 구성은『說文』의 구성체계와 동일하게 部首가 나뉘어 있다. 그리고 14卷末에 金允植과 金晩植이 쓴 附記가 있다.

(2) 解說文字 數

그러나『翼徵』의 구성이『說文』과 같다고 해서 해석하는 문자의 숫자까지 같은 것은 아니다.『翼徵』에서는『說文』에서 언급한 문자 전체가 아니고 문자해설에 의해 견해를 달리하는 문자에 대해서만 설명하였기 때문에 두 저술에서 다루는 문자 수에는 차이가 있다. 참고로『翼徵』에서 金文을 근거로 제시한 문자의 수와 저자 朴瑄壽가 해설을 제시한 글자의 수를 나타낸 도표는 <표5>와 같다.

<표 5>『說文解字翼徵』의 卷別 文字解說

卷 次	徵 字	解 說 字
1	48	36
2	117	85
3	137	92
4	96	69
5	188	78
6	82	49
7	124	74
8	85	51
9	67	35
10	85	54
11	66	34
12	96	60
13	59	43
14	101	63
총계	1351	823

위의 <표5>를 분석해 보면『說文』에서 해설한 문자가 원래 9,353字였는데『翼徵』에서 그 중 1,351字를 金文에 의거 증명하였으므로 약 14.4%에 해당하는 문자를 고찰한 셈이 된다. 물론 이 1,351字는『說文』에 나오는 글자 중에서 金文으로 확인할 수 있는 문자를 모두 합한 것이다. 따라서 여기에는『說文』의 문자해석에 이의가 없이 동의하는 글자도 있고, 朴瑄壽의 독자적인 문자해석을 시도한 글자도 있다. 독자적으로 문자를 해석할 때 朴瑄壽는 (:)표시를 한 뒤 자신의 견해를 밝혔다는데 이것이 823字[16]이다. 결국 이 823字에 許愼의 오류를 수정하는 핵심적 해설이 내재되어 있는 것이다.『說文』의 총 글자 수에 대해 약 8.8%밖에 해당하지 않는다고 해서 그 가치가 축소된다고 볼 수는 없다. 자세히 살펴보면 여기의 823字는 朴瑄壽의 독자적인 견해가 소개되었다는 점, 許愼의 해설을 수정·극복하는 논리가 담겨 있다는 점, 주변의 문자까지도 유추 해석이 가능한 중요한 문자라는 점 등으로 인하여 중요한 의의를 갖는다.

(3) 文字解說의 根據 資料

朴瑄壽는 당시 발달해 있던 考證學的 사고방식에 충실했던 학자 중의 한사람이었다. 그러므로 그는 실제 전하는 유물에 의해 확인할 수 있는 사실만을 인정했던 학문적 자세를 갖고 있었다. 이러한 입장에 서있던 朴瑄壽에게『說文』은 중요한 가치를 갖는 저서였지만 그중에 간혹 발견되는 문자해설상의 억측과 비과학적인 논리를 간과할 수 없었던 것으로 보인다. 따라서 그는 許愼의 이 오류를 지적하여 수정함으로써 문자학의 보다 완벽한 발달을 추구했었던 것으로

16) 이중에서 상단에서 두 글자 내려쓴다는 표시인 : 가 되어 경우는 469字이고 위의 표시는 없지만 실제로 문자해설을 시도한 것으로 볼 수 있는 경우가 88字이다. 따라서 이 둘을 합계인 557字에 대해 문자해설을 시도했다고 보는 것이 타당하다고 본다. 그 외에도 간략하게 문자를 규명만 한 것이 266字가 있다.

생각된다. 이때 金文은 朴瑄壽의 문자해설을 뒷받침하는 결정적 근거로 사용되었다.

金文은 商·周代 이후 전국시대에 이르기까지 제작된 청동기의 각 부분에 주조된 古形의 한자를 의미한다. 鍾이나 鼎 뿐만 아니라 烹炊器(요리그릇)·設食器(음식그릇)·酒器·水器·樂器·兵器·軍馬器·工具·度量衡·雜器 등 많은 종류의 청동기유물이 있으며[17] 초기에는 王族의 전유물이었으나 점차 諸侯들도 즐겨 사용하여 그 수가 크게 증가하였다. 지금까지 발견된 것이 1만 여점이 되며 그 중 銘文이 있는 것만도 1천여 점이 된다고 한다.[18] 金文의 제작은 殷末에서 周後代까지 약 1천여 년 간에 걸쳐 있으므로 自體 내의 차이도 있는 형편이다. 周初의 유물에서부터 점점 길어지기 시작한 銘文은 周末期에 이르러 더욱 장편화되어 朴瑄壽도 즐겨 인용한 毛公鼎과 같은 유물은 명문이 497자에 달하기도 한다. 이런 이유로 종정문이 書經의 文章과 동일하게 중요시되기도 한다.[19] 金文의 내용은 관료제도와 계급에 대한 것, 토지의 교역을 설명한 것, 전쟁에 관한 기록,[20] 소유자의 이름이나 씨족명, 祝辭, 제작사유, 祖先의 송덕, 제사 관계사항[21] 등 다양하다.

金文이 중요한 이유는 原始 象形文字와 甲骨文의 전통을 이었으며 隸書와 楷書의 祖形이라는 점에 있다. 다시 말하면 현재 쓰고 있는 한자의 전 단계 문자형태라는 사실로 인하여 金文을 분석함으로써 한자의 형성과정과 의미 정착과정을 알 수 있기 때문에 이것의 가치가 강조된다.

朴瑄壽는『翼徵』을 저술하면서 목재를 구하여 손수 청동기 유물의

---

17) 李學勤. **古文字學 첫걸음**. 河永三 옮김. 서울, 東文選, 1991. pp. 115~116.
18) 李學勤. **古文字學 첫걸음**. 河永三 옮김. 서울, 東文選, 1991. p. 116.
19) 唐蘭. **中國文字學**. 臺灣, 開明書店, 1973. p. 150.
(而且有幾百字 一篇近於典謨誥誓的大文章了)
20) 李學勤. **古文字學 첫걸음**. 河永三 옮김. 서울, 東文選, 1991. pp. 121~122.
21) 李敦柱. **漢字學總論**. 서울, 博英社, 1992. p. 72.

형태대로 만들고 그 위에 문자를 새겨 넣은 뒤 그것을 통하여 연구를 진행시켰다. 물론 朴瑄壽가 유물을 본 뜬 목재그릇을 만들면서 무엇인가 참고했을 것이 분명하지만 확실하게 언급해 놓지는 않았다. 다만 宋代 이후 興起했던 古文字學의 영향으로 金文을 정리해 놓은 『考古圖』나 『金石錄』 등에 수록되어 있는 그림과 銘文을 참고하였으리라고 추정된다. 『翼徵』 중에서는 宋의 大觀中과 王黼 등이 편찬한 『博古圖』와 阮元의 『積古齋金款識』가 자주 거명되는데, 이것과 함께 다른 淸代 說文學者들의 견해를 수용하면서 이를 바탕으로 독자적인 문자해석을 시도했을 것으로 보인다.

그리고 여기에서 밝혀둘 사실이 하나 더 있다. 朴瑄壽가 金文을 근거로 문자를 해설했지만 『說文』에 언급된 문자가 모두 金文에 나타날 수는 없는 것이므로 이런 경우에 대부분'종정에 보이지 않음(不見鍾鼎)'이라고 명시해 놓았다. 그러면서도 해설을 시도한 예가 많이 발견되고 있는데, 그러나 이 때의 해설은 文獻에 의거한다든지, 비슷한 글자의 형태를 참고한다든지 하여 최대한도로 객관적이고 실증적인 방법을 사용하였다. 540部首 중 金文에서 확인할 수 없는 것이 무려 114字이며 일반문자의 경우 96字에 대하여 不見鍾鼎이라 표시해 두었다. 그러나 114字 중 96字에 대해 독자적인 해석을 시도하였으며 96字 중에서 18字에 대해서도 : 표시 밑에 자세한 해설과 함께 자신의 견해를 밝혀 『翼徵』의 문자해설 방식이 비록 금문에 근거하고 있지만 실제로는 영역을 더욱 넓혀 문헌이나 기타 자료들까지 포함하는 방대한 증명자료를 사용했음을 알게 해준다. 이것은 『翼徵』의 문자해설이 심원한 깊이와 체계적 해설을 바탕으로 하고 있음을 알 수 있게 한다.

B. 文字解說上의 差異點

위에서 『說文』과 『翼徵』이 갖고 있는 구성상의 특징을 비교 고찰해 본 바 사실상 문자해설 방식의 同異點을 비교하는 것이 본 논문의 주요 목표이다. 그 이유는 여기에서 許愼의 문자해설 방식을 별도로 언급하지 않고 생략하고자 한다. 그 이유는 朴瑄壽가 『翼徵』에서 문자해설을 전개할 때, 반드시 許愼의 해설을 먼저 소개하였기 때문에 朴瑄壽의 문자해설 방식을 고찰하는 것만으로도 둘 사이의 비교가 가능하고 문자해설상의 차이가 결국 두 저술간의 차이를 실질적으로 드러내기 때문이다.

앞에서도 지적하였지만 朴瑄壽가 문자해설을 시도한 방식은 두 가지인데 하나는 금문에 의거하여 許愼의 해설을 보완한 경우이고, 또 하나는 금문에서 확인할 수 없으나 다른 전적이나 같은 부분을 갖고 있는 다른 金文을 고찰하여 자신의 견해를 제시해 놓은 것이다. 우선, 이 두 가지 경우를 나누어서 살펴보고자 한다. 朴瑄壽가 자신의 주장을 체계적으로 정리하여 해설한 문자의 수는 823字이다(부록 1 참조). 그러나 이 글자를 모두 소개할 수는 없는 형편이다. 따라서 그의 문자해설 방식이 잘 나타나 있는 중요문자들만을 추출하여 다음과 같이 분석하였다.

1) 金文에 의거한 文字解說

(1) 士와 古의 解說

許愼은 士字를 一과 十의 합자라고 여겼으며 '十을 미루어 一을 합하여 士가 된다(推十合一爲士)'라는 孔子의 말을 인용하여[22] 증명하였으나 朴瑄壽의 견해는 달랐다. 士는 金文에 무수히 나타나는데 여기서의 十은 옛 글자로 甲字이며 숫자 十은 과 같은 모양을 가지고 있어 근본적으로 다른 글자라는 것이 그의 생각이었다. 士字의 경우는 十과 一을 따랐기 때문에 金銘에 土라고 되어 있으나 士는 이와 다르므로 許愼의 견해가 잘못되었다는 것이다. 나아가 朴瑄壽는 孔子의 말도 후세학자들이 僞託한 것이라고 단정하였다. 이에 그치지 않고 다른 예를 들어 자신의 논리를 방증 하였다.

> 士는 四民(士・農・工・商)의 으뜸이고 君子의 통칭이므로 甲과 一을 취하여 근원이며 처음이라는 뜻을 갖게 되는 것이다. 甲과 一을 따랐으므로 戎()卒을 士卒이라고 하는 것은 마땅히 갑옷을 입었기 때문이다. 갑옷을 입는 것은 남자의 일이다. 그러므로 壻를 일컬어 士라고 하니 壻가 士에서 나온 것이고, 남녀의 무리를 일컬어 士女라고 하는 것이다.23)

士字에 대한 이러한 해설에 古字의 해설을 참고하면 朴瑄壽의 이론을 더욱 명백히 알 수 있다. 許愼은 古字를 '十과 口를 따랐으니 前代의 말을 아는 것이다(從十口 識前言者也)'라고 하여 十과 口가 결합하여 古가 되었다고 주장하였다. 그러나 다음과 같은 예로 보아 박선수의 견해는 이와 다름을 알 수 있다.

> 金銘을 살펴보건대 十字는 으로 되어 있고 甲字는 十으로 되어 있으니 古字는 곧 甲을 따른 것이지 十을 따른 것이 아니다. 金銘에 을 따라 라고 쓴 것을 연구자들이 古라고 해석한 것은 잘못된 것이다. 이것은 마땅히 胡로 읽어야 한다……어찌해서 그런 줄을 알겠는가 金銘에 湖字를 를 따라 라고 썼기 때문이다24)

22) 許愼. **說文解字**. 卷 1.
(士, 事也 數始於一 終於十 從一從十 子仔曰 推十合一爲士)

23) 朴瑄壽. **說文解字翼徵**. 卷 1.
(士爲四民之首 而君子之通稱 故取甲一元始之義 而從甲從一 戎卒稱士卒 當以其被甲也 被甲爲男子之事 故稱壻曰士 而壻字從士 稱男女衆多曰士女)

24) 朴瑄壽. 說文解字翼徵. 卷 3.

위의 해설에서 확인할 수 있는 것처럼 금문은 朴瑄壽가 전개한 독자적 문자해설이론의 근간이었음을 알 수 있다. 이와 같은 예를 몇 개 살펴보도록 하겠다.

(2) 帛과 白의 해설

帛에 대해서 許愼은 繒(비단)이라고 설명하면서 巾을 따르고 白의 소리를 갖고 있다고 했으며, 白은 西方의 색으로 入을 따르며 二가 합해진 글자로 설명했다. 許愼이 제시한 白의 重文은 [illegible]이었다.

그러나 朴瑄壽는 阮元의『金款識』에 실려 있는 여러 유물을 인용하여 帛과 白의 원래 뜻을 밝혀냈다. 그의 해설에 의하면 白·黑의 白은 帛이고 伯·仲의 伯은 白이라는 것이다.

> 金銘을 살펴보건대 伯仲의 伯은 모두 白으로 쓰여 있으니 아마도 人을 생략하고 통하여 사용한 것으로 여겨진다. 獵碣文을 고찰해 보건대 白黑의 白은 모두 帛字를 사용했으니 옛날에는 白이 伯이고 帛이 白이었음을 비로소 알겠다. 허씨가 入을 따르고 二를 합했다는 것은 당연히 白의 重文 [illegible]을 지적하는 것인데, 이를 거꾸로 해도 入을 따르는 것처럼 보이니 이것은 곧 勻字인 것이다. 허씨가 자세히 살피지 않은 것이다.[25]

지금의 白과 帛이 원래는 어떤 의미의 글자였음을 확인시켜 주는 예이다. 위의 해설을 증명하기 위해 그는 左傳·公羊傳·穀梁傳 등을 인용하기도 했다.

(案金銘 十字作[illegible] 甲字作[illegible] 則古字乃從甲 而不從十也 金銘有從[illegible]作[illegible]者 款識家釋爲古 非也 當讀胡……何以知然金銘湖字從[illegible]作[illegible]故也)

25) 朴瑄壽. **說文解字翼徵**. 卷 7.
(案金銘之文 伯仲之伯 皆作白 意謂省人通使也 考獵碣文 則白黑之白 皆使帛字 始知古者白是伯 而帛乃白也 許氏說從入合二 當指重文[illegible]字 正倒皆似從入 而此乃勻字 許氏所未審也)

(3) 射의 해설

이 글자는 金文에 쓰여있는 형태를 보면 글자의 형성과정이 정확히 드러나는 대표적인 예이다. 許愼은 이 글자에 대하여 '화살이 몸에서 나와 멀리에 있는 것을 맞추는 것이다. 矢와 身을 따른다(弓弩發於身 而中於遠也 從矢從身)'이라 하였으니 小篆에 집착하여 寸을 따른다라고 하였다.

朴瑄壽가 유물에서 확인한 射의 古形은 [illegible]·[illegible]·[illegible] 등이어서 손으로 활을 잡고 화살을 쏘는 형태가 점차 射字로 정착되는 과정을 확인할 수 있게 한다. 따라서 射字를 身과 寸의 결합으로 보는 것은 올바른 해설이라고 할 수 없다. 왼쪽 부분은 활과 화살을 상징한 것이고 오른쪽은 손을 상형한 것이며 이 둘이 결합하여 射字가 형성된 것이다. 金文은 이처럼 글자의 정착과정을 여실히 보여주기도 한다.

(4) 祖의 해설

祖字는 朴瑄壽가 許愼의 잘못된 문자해설을 수정하면서 자신의 문자해설을 개진한 중요한 글자 중의 하나이다. 許愼은 小篆을 기준으로 문자를 해석했기 때문에 祖를 해설하면서 '始廟이다. 示를 따르고 且의 음을 갖고 있다(始廟也 從示且聲)'이라고 했다. 朴瑄壽가 제시한 金文에서의 祖字는 祖인데 출전유물은 齊侯鍾이다. 朴瑄壽는 許愼이 始廟라고 해설한 것을 이해할 수 없었다. 다음은 朴瑄壽의 祖字에 대한 해설이다.

> 金銘에 且라고 쓴 것이 있는데 매번 皇字 아래에 있었다. 이것은 곧 文인 것이다. 그러나 小篆에 且라고 쓰지 않고 별달리 几을 따르는 且를 썼기 때문에 楷書에 且字가 없게 된 것이다. 만약 祖와 통칭된다고 하면, 祖가 示를 따르는 것은 신령스럽게 하는 것인데

신령스러운 것으로 눈에 보이는 할아비를 일컬을 수 있겠는가? 만약 且가 곧 그 文이라면, 且는 그릇의 이름이고 어조사인데 그릇이름이나 어조사로 지존을 일컬을 수 있겠는가.26)

禮儀를 중시하는 전형적인 유학자였던 朴瑄壽는 어조사로 쓰이는 且字에서 祖字가 유래했다는 사실을 수긍하기 어려웠다. 그리고 더욱 확실하게 鍾鼎에서 自가 祖의 의미로 쓰이는 이상, 이에 대한 논의를 새롭게 하지 않을 수 없었던 것으로 보인다. 自가 小篆으로 바뀌면서 없어지고 且만이 남아있게 되면서 문자해석상의 오류가 발생했다는 것이 朴瑄壽의 지적이다. 自字가 없어지고 비슷한 글자인 且가 통용됨으로써 小篆을 중시했던 許愼이 且를 바탕으로 祖字의 의미를 추정한 것에서 잘못 해석된 것이었다. 自가 남성의 성기를 상징한다는 또 다른 주장27)은 祖의 文인 自의 의미를 확인시켜 준다.

특히 이 祖字에 대한 해설을 당시 학자들에게 큰 영향을 주었던 것으로 보인다. 跋文을 쓴 金允植이나 金晩植이 祖字의 해설이 朴瑄壽의 탁견임을 강조했다. 그중 金允植은 祖를 礻自로 써야한다고 주장하면서 앞으로 朴瑄壽의 이 해설이 인정될 때가 올 것이라고 예견하기도 했다.28)

(4) 余의 해설

許愼은 余를 해설하면서 '말씀이 펴지는 것이다. 八을 따르고 舍의 음을 갖고 있다. [余余]는 두개의 余로 余처럼 읽는다.(語之舒也 從

---

26) 朴瑄壽. 說文解字翼徵. 卷 1.
(金銘有作自者 每見皇字下 此卽其文 而小篆不作自 以別從几之且 故致楷書之無自也 若謂以祖通稱者 祖之從示神之也 可以神之者稱其見在之王父乎 若謂且卽其文者且器名也語助也 可以器名語助稱於至尊乎)

27) 李敦柱. **漢字學總論**. 서울, 博英社, 1992. p. 404.

28) 金晩植. "說文解字翼徵附記".
(祖亦從自作礻自 而不從且 則今宜作礻自……吾知是文是字之必有見行之日矣)

八舍省聲 ⿱余余二余也 讀與余同)'라고 하였다. 朴瑄壽는 이를 반박하여 다음과 같이 주장하였다.

> 혼자 생각해 보건대 余字는 予의 음을 따른 것이다. 金銘에 [illegible]라고 쓰거나 [illegible]라고 쓴 것이 小篆에서 잘못되어 [illegible]로 되었다. 그런데 허씨가 余字를 해설하면서 舍字로 음을 잘못 증명하였다. 또 생각하건대 余字를 겹쳐 쓴 ⿱余余字는 字가 아니다. 어찌 그런 줄을 아는가. 무릇 多·炎·圭·戔 등 연달아 쓴 글자들은 모두 文이지 字가 아니어서 오로지 그것만의 음을 가지고 있는 것이지 다른 글자의 음을 따르지 않는다. 어찌 余와 ⿱余余만이 이와 반대이겠는가?[29)]

위의 인용에서도 朴瑄壽는 小篆化하면서 잘못 표기되기 시작한 余字의 실상을 정확히 고찰하여 자신의 견해를 제시하였음을 알 수 있다. 그리고 余字의 해설에서 알 수 있는 것처럼 朴瑄壽는 독자적으로 해설하면서도 지키고 있던 방식은 한자 구성의 기본적 원리를 중요시 했다. 같은 글자를 겹쳐 씀으로써 형성된 글자를, 예를 들면 多·炎·圭·戔 등이 文이어서 개념적으로 독립된 글자로 인정받고 있는데 유독 ⿱余余字만이 이 원칙에서 벗어나는 것은 이해하기 어렵다는 것이다. 朴瑄壽는 이처럼 기본적 원리를 인정하는 자세에서 문자체제를 시도했다는 사실을 알 수 있다.

(5) 則字의 解說

이 則字의 해설은 이 글자에만 국한되는 것이 아니고 독립부수인 冊字와도 연결되어 있다. 許愼은 則字를 刀部에 속한다고 생각하였

---

29) 朴瑄壽. 說文解字翼徵. 卷 2.
(竊爲余字 從矛聲 予字金銘作[illegible]作[illegible] 此所以小篆之譌爲[illegible] 而許氏於余字 謬以舍證聲者也 又竊謂 余字及重文⿱余余字 皆文而非字 何以知然 凡連如多炎圭戔 皆從文而不從字 專聲而無從聲 何獨余 ⿱余余反是)

다. 許愼은 則字를 해설하면서 '사물을 고르게 나누는 것이다. 刀와 貝를 따르는데, 貝는 고대의 화폐이다.(等畫物也 從刀從貝 貝古之物貨也)'라고 했다.30)『說文』에서 해설한 小篆은 인데 古文중에서 와 을 則字의 古形으로 제시하였으며, 특별히 을 기록해 놓으면서 籒文이라고 명시하였다. 許愼은 스스로 則字가 貝를 따른 다고 하면서도 鼎字에서 유래되었음을 말하여 모순이 되고 있다.

朴瑄壽가 金文에서 발견한 則字는 ･ ･ ･ ･ ･ 등이어서 이 글자들만 보아도 鼎과 刀를 결합한 것이 則字임을 알 수 있도록 하였다.

> 則字는 金銘에 모두 鼎을 따르니 籒文에서부터 시작된 것이 아님을 알 수 있다. 則이란 것은 앞의 것을 끝내고 뒤의 것을 연결하는 글자이다. 그러므로 刀와 鼎을 따르니, 刀는 자른다는 뜻이고 鼎은 새롭다는 뜻이다. 그러므로 刀와 鼎의 유형이 아니므로 則은 마땅히 文인 것이다. 冊을 따르는 重文이니 마땅히 典則이라는 則은 冊部에 보여야 한다. 어찌해서 그런 줄을 알겠는가. 冊은 法文이 실려 있는 것이므로, 典字는 冊이 丌위에 있는 모양을 따른 것이다. 이 冊을 따르고 鼎을 따라 생략한 것은 冊으로 자른다는 뜻이다.31)

許愼은 부수인 刀字에 유의하여 則을 사물을 균등하게 나누는 뜻이라고 파악하였으나 朴瑄壽는 金文에 의거하여 원래 冊의 의미를 갖는 글자에서 유래한 것임을 밝힘으로써 則字가 法則･典則의 뜻을 갖게 되는 근본적 이유를 밝혀 놓은 셈이다. 그러므로 則字가 冊部에 속해야 한다는 것이 朴瑄壽의 주장이다.『說文』에 의하면 冊部에 嗣와 扁 등 두 글자가 속해 있는 것으로 되어 있으나 朴瑄壽는 嗣의

---

30) 許愼. **說文解字**. 卷 4.

31) 朴瑄壽. **說文解字翼徵**. 卷 4.
(則字金銘皆從鼎 知非始自 籒文 則字畢前結後之詞也 故從刀從鼎 刀以斷義 鼎以新義而非刀鼎之類 則當是文 從冊之重文 當是典則之則 當見冊部 何以知然 冊爲法文所載故典字從冊在丌上 之從冊從省 冊以斷之之意)

경우 𠕁가 새로운 부수로 독립해야 하고 扁字는 당연히 戶部에 속해야 하며 오히려 則字가 여기에 속해야 한다고 주장하였다. 그 이유는 則字의 重文중에 冊을 따르는 𠟭이 있기 때문이다.32) 朴瑄壽의 방식은 이와 같이 문자의 발달 형태에 주목하는 것이기 때문에 문자 형성의 과정을 충분히 인식할 수 있었으며 이로 인해 근거가 확실한 해설을 전개할 수 있었던 것이다. 결국 大篆에서 小篆으로 개정되는 과정에서의 생략과 축약이 문자해설의 차이점을 발생시키는 이유가 되었던 것이다.

(6) 悳字의 解說

悳字의 해설도 聽字와 관련이 있다는 점에서 위의 則字의 해설과 비슷하다. 許愼은 悳이 直과 心을 따른다(從直從心)고 하였지만 朴瑄壽는 金文을 인용하여 直이 아닌 省을 따랐음을 증명하였다.

> 悳字는 金銘에 省을 따르며 直을 따르지 않는다. 金銘에 省字를 𣥂이라고 썼는데 해석하는 자들이 옛날의 相字라고 했지만 이는 잘못된 것이다. 𣥂이 省을 따르는 것은 마땅히 마음을 살피는 것(省心)이니 彳을 따르는 德은 당연히 悳을 行하는 것이다. 悳은 따르는 소리가 없으니 마땅히 文이며 당연히 屬文도 있어야 할 것이다.
>
> 聽字를 살펴보면 『說文』에 耳·悳을 따르며 壬(정)의 소리를 갖는다고 하였는데 나는 생각하기를, 따르는 것이 번거로우면 배열하지 않는 것이므로, 반드시 耳를 따르며 壬의 소리를 갖는 𦔻은 마땅히 耳部에 속하는 字이며 聽은 𦔻의 소리를 따르므로 당연히 悳部에 속하는 것이다.33)

32) 許愼. **說文解字**. 卷 4.
33) 朴瑄壽. 說文解字翼徵. 卷 10.
(悳字金銘從省 不從直 金銘省字作𣥂 釋者以爲古相字 非也 悳之從省 當以省心則從彳之德 當以行悳也 悳無從聲 當是文而又當有屬文 按聽字 說文證爲從耳悳

朴瑄壽는 어느 한 글자를 설명하면서 그 글자에만 국한되어 해석하는 것이 아니고 그것으로 추정할 수 있는 관련 글자들에게까지 논의를 확대하였다. 위의 悳과 聽字가 대표적인 例이다. 聽字에 대한 해설을 참고하면 보다 자세히 이해할 수 있다.

> 聽字는 鍾鼎에 보이지 않는다. 그런데 金銘에 悳字를 [illegible]이라고 썼으니 聽은 당연히 [illegible]이라고 써야 한다. 혼자 생각해 보건대 마땅히 耳를 따르며 壬(정)의 소리를 갖는 [illegible]이 있으며 또 당연히 悳部가 있으니 聽은 [illegible]의 소리를 따르며 당연히 悳部에 보여야 한다.34)

悳字와 聽字가 같은 부수에 속해야 한다는 것은 새롭고 독자적인 견해이다. 이러한 예는 朴瑄壽의 문자해설이 단편적이고 지엽적인 것이 아니라 전체가 유기적으로 연결되어 있음을 보여주는 것이며 그만큼 朴瑄壽의 학문이 체계적이고 심원한 것임을 증명하는 것이다.

이상에서 살펴본 바와 같이 朴瑄壽는 금문을 기준으로 문자해설을 시도했기 때문에 문자학의 금자탑이라고 할 수 있는『說文』의 오류와 미비점을 수정・보완할 수 있었다. 철저한 고증과 증거문자제시, 자세한 논의는 朴瑄壽의 문자해설 방식과 문자학적 방법론이었다.

壬聲 愚謂 繁從不配 則必有從耳壬聲之[illegible] 當爲耳部字 而聽從[illegible]聲 當見悳部)

34) 朴瑄壽. 說文解字翼徵. 卷 12.
(聽字不見鍾鼎 而金銘 悳字作[illegible] 聽當作[illegible] 竊謂當有耳壬聲之[illegible] 又當有悳部 聽從[illegible]聲 當見悳部)

2) 金文에 나타나지 않은 文字解說

(1) 春字의 解說

『說文』에서 해설한 春字의 小篆은 萅이고 '미룬다는 뜻이다. 艸와 日을 따른다. 풀은 봄에 생긴다. 屯에서 음을 취했다(推也 從艸從日 艸春時生也 屯聲)'라 해설했다. 그러나 朴瑄壽는 이 견해에 동조하지 않았다. 그가 문자해설의 근거로 사용한 금문에 비록 이 글자가 있지 않았다 하더라도 자신의 해설을 개진함으로써 또 다른 면모를 보여 주었다. 그는 萅字가 鍾鼎에는 보이지 않더라도 고대에 萅으로 썼을 것이라고 단정했다.

> 萅字가 艸部에는 別錄 53文 중에 보이므로 大篆에는 茻을 따랐음을 알 수 있다. 혼자 생각해 보건대 萅字는 마땅히 三春이라는 회의문자이다. 처음 태어나기 어렵기 때문에 屯을 따랐고 그림자가 길기 때문에 日을 따랐으며 초목이 번성함으로 茻을 따랐다. 이처럼 번거롭게 따랐으므로 마땅히 文이 된다.35)

이와 같이 朴瑄壽는 許愼의 견해에 무조건 동조하지 않고 비록 유물에서 확인할만한 근거가 없다 하더라도 세밀한 추론과 합리적인 견해전개로 새롭게 해설한 글자들이 많이 있다. 春字의 경우도 艸와 屯과 日의 합성으로 글자가 되었다는 許愼의 주장을 일부 수용하지만 艸 보다는 풀이 더부룩하다는 뜻의 茻을 썼을 것으로 추정하면서, 이때 艸部 別錄에 있는 54字의 글자에 萅字가 있다는 사실을 증거로 제시하였다. 여기서 別錄이라는 것은『說文』의 艸部 말미에 수

---

35) 朴瑄壽. 說文解字翼徵. 卷 1.
(案萅字 見艸部別錄五十三文中 故知大篆從茻 竊謂春字 當是三春會意 以始生之難而從屯 以晷景之長而從日 以艸木之蕃而從茻 蕃從則當是文)

록해 놓은 54字를 말하는데 이 글자들이 모두 大篆으로 쓰였을 적에는 艸部에 속한 글자였다고 명시되어 있다. 따라서 이를 근거로 朴瑄壽가 春字가 원래 艸部에 속하는 글자라고 주장하게 되었다.

(2) 禿字의 해설

이 글자는 대머리라는 뜻이고 음은 독이다. 許愼은 이것을 '사람을 따랐으며 윗부분은 벼와 곡식의 형태를 상형한 것이다(從人 上象禾粟之形)'라고 한 뒤 다시 王育의 말을 인용하여 '倉頡이 밖으로 나와 대머리가 벼 가운데 엎드려 있는 것을 보고 글자를 만들었다고 한다. 그러나 자세히 알 수 없다(王育說 倉頡 出見 禿人伏禾中 因以制字未知其審)'라고 하였다. 이에 대한 朴瑄壽의 견해는 다음과 같다.

> 禿字는 鍾鼎에 보이지 않는다. 그러나 혼자 생각해 보건대 王育이 말한 대로 倉頡이 논 가운데의 대머리를 보고 만들었다는 것이 믿을 만 하다. 장차 머리털이 빠진 사람을 상형할 때에, 군자는 관을 쓰고 소인도 추울 때에는 머리를 감싸기 때문에 禾를 따르고 정수리의 모양을 따라 [illegible]라고 썼는데 이는 더울 적에 농사짓는 노인이 관을 쓰지 않은 채 논 가운데 서있는 것을 본 것으로 정수리 위에 머리털이 없는 것을 가리킨다. 그런데 잘못되어 [illegible]이 되고 다시 잘못되어 小篆에서 [illegible]이 되었으니, 마치 [illegible]을 따르는 것처럼 되어 이것은 사람이 벼아래 엎드려 있는 것이므로 머리털이 없다는 뜻이 드러나지 않는다.36)

---

36) 朴瑄壽. 說文解字翼徵. 卷 8.
(禿字不見鍾鼎 而竊謂王育說 倉頡 見禾中禿人作 信矣 將象人髮落 而君子則常戴冠巾小人亦寒節裹頭 所以從禾從頂形作[illegible] 指署月野老不冠禾見 無髮頂上者而譌從[illegible]更譌從小篆[illegible]也 若如從[illegible] 是人伏禾下 而無髮之意不暢)

여기서도 朴瑄壽는 許愼의 중요한 오류, 즉 小篆만을 고찰 대상으로 했기 때문에 발생한 오류를 지적한 것이다. 秃字가 人을 기본으로 했다는 許愼의 주장에 한걸음 더 나아가 人이 아니고 사람의 대머리인 ∩와 禾가 합해져 형성된 것이라고 해설하였다. 그러면서 許愼이 의심스럽게 방증자료로 사용한 王育의 견해를 인용하여 자신의 해설을 보충하였다. 이 정도까지 글자의 형성과정을 이해하고 해설할 수 있었으므로 유물에 나오지 않더라도 주변의 방증자료를 분석하여 새로운 해설을 시도할 수 있었던 것으로 보인다.

(3) 易字의 解說

朴瑄壽는 이 문자를 石鼓文에 보이는 惕字로 증거를 삼아 놓았지만 엄밀하게 易字는 金文에 보이지 않는 셈이다. 그러나 그는 비슷하지만 반드시 구분되는 글자들을 제시함으로써 새로운 해설을 시도하였다. 許愼의 易字에 대한 해설은 단정적이지 못하여 의문의 여지를 남겨 놓았다. 許愼은 易字가 머리가 하나이고 다리가 넷인 범, 즉 도롱뇽이나 도마뱀의 모습을 상형한 것이라고 생각하였다.(蜥易蝘蜓 守宮也 象形) 그러나 자신의 생각에 확신이 서지 않았는지 두 개의 다른 해설을 인용했는데, 하나는 秘書라는 책을 인용하여 '해와 달이 바뀌는 것이다. 음양을 상징한다(秘書說, 日月爲易 象陰陽也)'라는 것이고, 다른 하나는 구체적인 언급 없이 '한편으로는 勿을 따른다고도 한다(一曰 從勿)'이라고 부기해 놓았다. 그러나 朴瑄壽는 이 해설들을 인정하지 않았다.

> 혼자 생각해 보건대 易字의 訓과 증거는 모두 잘못된 것이다. 許氏의 說인 도마뱀에 대해 말해보면 도마뱀이 易라는 글자와 모양이나 이름이 비슷하지만 易字는 도마뱀을 상형한 字가 아니다. 秘書의 說을 말해보면, 日月이 易이 된다고 했는데 月字는 ☽이라고 쓰지, 易이라고 쓰지 않는다. 누군가 말한 勿을 따른다에 대해 다시 말해

> 보면, 勿字는 이라고 쓰지 이라고 쓰지 않는다. 나는 易字가 따르는 은 곧 옛날의 簡易라는 易이라고 생각한다. 變易의 易은 의 頭聲을 따르고 便利의 은 의 韻聲을 따른 것이다.
>
> 또 金銘에 錫字를 라고 쓰는데 누군가가 말하기를 錫에서 金이 생략되었으니 곧 고대의 易字라고 했으며, 또 다른 사람은 이 글자가 따르는 彡은 곧 金의 생략이라고 했으나 이것은 모두 잘못된 것이다. 당연히 字가 별달리 있는 것이다. 그러므로 賜를 金銘에 라고 쓴다.37)

朴瑄壽의 해설은 이처럼 자세하면서도 증거제시에 충실하다. 비록 그 글자를 유물에서 발견할 수 없더라도 관련된 글자를 최대한으로 확인하여 자신의 주장을 증명하였음을 알 수 있다.

(4) 訶字의 解說

이 문자도 鍾鼎에 보이지 않으나 관련글자를 고찰함으로써 許愼의 논리를 수정할 수 있었던 例이다. 이 글자는 可와 何에 대한 해설까지 포함하고 있어 주목된다.

> 訶字는 鍾鼎에 보이지 않으나 마땅히 라고 써야 한다. 金銘에 라고 쓴 것이 있는데 이는 哥를 따른 것으로 소리가 생략된 것이니 바로 字이다. 나는 哥와 可의 구별에 대해, 正可의 可는 를 따르니 可라고 써야 하고, 誰何의 何는 의 소리를 따르니 라고 써야 한다고 생각한다. 小篆에서 그것을 살피지 않고 可와 를 함

---

37) 朴瑄壽. 說文解字翼徵. 卷 9.
(竊謂易字訓證皆非也 以言許氏說蜥易 則當以蜥易似 字名 非易字象蜥易也 以言秘書說 日月爲易 則月字作 不作 以言一曰從勿 則勿字 古作 作 瑄壽謂易字所從之彡 則古簡易之易 而變易之易 從 頭聲 便利之 從 韻聲 又金銘錫字作 或謂錫之省金 卽古易字 或謂所從之彡 卽金之省 二說皆非也 當別有 字 故錫字金銘作)

께 可라고 썼으므로『說文』에 可만 있고 可는 없게 되었는데 何와 河가 모두 正可의 可를 따른 것으로 잘못 알았기 때문이다.

지금『說文』에서 訶字를 訶라고 쓴 것은 분별을 해서 그런 것이 아니라 다만 우연히 올바르게 된 것이다. 이것은 쉽게 알 수 있는 것인데도 연구자들이 살피지 않았을 뿐인 것이다. 丂는 음이 苦浩切(고)이므로 苦我切(가)의 可는 丂를 따르니 可라고 써야 하고, 𠀀는 虎何切(하)이므로 胡歌切(하)의 可는 𠀀를 따르니 可라고 써야 한다. 대개 可는 허락한다는 뜻이므로 펼친다는 뜻인 丂를 따르고 可는 끝낸다는 뜻이니 丂의 반대인 𠀀를 따르는 것이다.38)

위의 인용에서도 알 수 있듯이 朴瑄壽의 문자해설 방식은 치밀한 고증을 바탕으로 하기 때문에 논리전개가 합리적이다. 문자학 분야에서 독보적 존재인 許愼의 문자해설을 우연이라고 단정 짓는 것에서 朴瑄壽의 자부심과 자신의 해설에 대한 신뢰를 짐작할 수 있다.

『翼徵』은 이러한 방식을 통해 문자해설을 시도하였으며, 그 결과 체계적이고 독자적인 문자해설 해설을 수립해 놓을 수 있었던 것으로 보인다. 고증학자로서의 방법론을 철저히 지킨 朴瑄壽가 청동기 유물에서 확인할 수 있는 것은 그것을 그대로 인용하여, 그렇지 않은 경우라도 許愼의 해설을 수긍할 수 없을 경우에는 관련 문자를 최대한으로 인용하여 자신의 주장을 뒷받침했다는 사실을 알 수 있는 것이다.

---

38) 朴瑄壽 說文解字翼徵. 卷3.
(訶字不見鍾鼎 而當亦作訶 金銘有作訶字 此則當從哥省聲 卽訶字也 愚有可可之辨 以爲正可之可 從丂聲作可 誰何之何 從𠀀聲作可 小篆不察其然 而可可竝作 可所以說文之有可無可 謬認何河 皆從正可之可也 今此說文訶字作訶 非能有分別直偶然得正也 此易知 而顧諸家不察耳 丂是苦浩切 故苦我切之可 從丂作可 𠀀是虎何切 故胡歌切之可 從𠀀作可 蓋可是許義 故從舒義之丂 𠀀是結義 故從反丂之𠀀)

3) 두 著述의 文字解說上의 差異點

앞에서 살펴본 대로 『說文』에서의 문자해설과 『翼徵』의 문자해설에는 약간 다른 부분이 있다. 서로 다른 이 부분이 두 저술이 갖고 있는 특징이지만 약 1800여 년의 시대적 차이가 있는 두 저술 사이의 차이는 어떤 의미에서 漢文字學의 흐름을 단적으로 보여 준다는 점에서 의미 있는 일이다. 그리고 그것이 조선조 학자의 집요한 노력에 의해 이루어졌다는 사실은 더욱 의미 있다.

두 저술 사이의 문자해설 방식에 차이가 발생한 이유는 근본적으로 연구대상의 차이에서 유래되었다. 다시 말하면 許愼은 『說文』을 저술하면서 바로 前代인 秦代에 정리된 小篆을 연구대상으로 삼았으나, 朴瑄壽는 『翼徵』에서 小篆 以前의 漢字인 金文을 연구대상으로 선정하였으므로 문자의 형태를 상고하여 전개되게 마련인 문자해설에 차이가 발생하게 되었던 것이다.

中國文字인 漢字는 현재 甲骨文이 最古의 형태를 지닌 것으로 인정되고 있다. 이 甲骨文이 사용된 것은 殷代였으므로 지금부터 3400여 년 전의 일이다. 이 古形의 漢字를 古文이라고 한다. 그 후 漢字는 文字의 기본적 발달법칙에 따라 점차 발달해 왔는데 殷代 後半과 周代 初期에 특별히 청동용기에 새겨진 글자를 金文이라고 한다. 그러다가 B.C 830년경 周의 大史인 籒가 小篆 15篇을 지었는데 이것은 고대한자를 약간 정리해 놓은 것으로 알려져 있다. 史書에 의하면 史籒體라 불리는 이 문자들은 周末에 史官이 아이를 가르칠 때 사용하던 것으로 뒤에 孔子의 壁中에서 출토되었다는 蝌蚪文字와는 약간 다른 형태를 가진 글자이다.[39] 그 후 春秋戰國時代에는 각 지방별로 다른 문자를 사용했으나 秦始皇이 중국 전체를 병합한 뒤 중앙집권 정부를 세우자 통일된 문자의 필요성을 절감하게 되었다. 이

---

39) 班固. **漢書 藝文志**. 「小學類後序」上海, 鴻文書局. 1888.
(史籒 篇者 周時史官教學童書也 與孔氏壁中古文異體)

때 李斯가 『倉頡篇』을 만들고 趙高가 『爰歷篇』, 胡毋敬이 『博學篇』을 지음으로써 小篆의 형태가 완성되었으니 이는 B.C 220여 년 경에 이루어진 것이다. 小篆의 정리는 大篆, 곧 史籒體를 간략하게 함으로써 가능했다. 물론 許愼도 이러한 사정을 잘 알고 있었으며 『說文』의 叙文에다 기록해 놓았다.40) 그런데 이 과정에서 글자체가 크게 바뀌면서 문자 해설의 방법이 달라졌다. 小篆이 비록 古形 漢字의 면모를 많이 간직하고는 있지만 字畫이 생략되고 축약되면서 象形文字로서의 의미를 잃어버리지 않을 수 없었다. 段玉裁의 다음 주장은 이러한 실정을 잘 보여준다.

> 생략했다는 것은 번거롭고 겹치는 것을 덜어냈다는 것이고, 고쳤다는 것은 그 괴상하고 기이한 것을 고쳤다는 것이다. 許愼이 史籒와 大篆을 취하여 간혹 잘못 생략하고 고쳤다고 하는 것은 史籒 大篆은 고문이 그 가운데 있다는 것을 말한다. 大篆이 이미 간혹 고문을 고쳤으며 小篆도 다시 古文과 大篆을 고친 것이다. 여기서 간혹이라고 말하는 것은 다 생략하거나 고쳤다는 것은 아니다. 고치지 않은 것이 많이 있으니 許愼이 열거한 小篆은 진실로 모두 古文 大篆인 셈이다.41)

淸代 考證學의 영향에 힘입어 발달한 문자학은 『說文』이 뛰어난 업적임을 인정하면서도 그것의 오류와 미비점을 보완하고자 하는 분위기가 조성되었다. 朴瑄壽는 한걸음 나아가 許愼이 소홀히 여긴 古代漢字에 관심을 갖게 되었고, 마침 당시에 많이 수집되었던 청동기 유물 위에 새겨진 문자를 검토하여 許愼의 오류를 수정·보완하게

---

40) 許愼. **說文解字**. 「說文解字叙」.
(皆取史籒 大篆 或頗省改 所謂小篆者也)

41) 段玉裁. **說文解字**. 卷 5.
(省者減其□重 改者改其怪奇 云取史籒 大篆 或頗省改者 言史籒 大篆 則古文在其中大篆旣或改古文 小篆復或改古文大篆 或之云者 不盡省改也 不改者多則許所列小篆固皆古文大篆)

되었던 것이다. 이것이 『說文』과 『翼徵』이 갖는 근본적인 차이이다.

『翼徵』은 『說文』에서 미처 확인하지 못한 것을 고증해 주고, 許愼의 억측을 수정하는 것으로 일관되어 있다. 그러나 『翼徵』에서 보여주는 문자해설방식은 치밀하고 합리적이어서 이러한 연구가 계속되었다는 사실만으로도 의미 있으며 사실상 『說文』의 오류를 최대한으로 교정했다는 점에서 그 가치가 큰 것이다.

V. 清代 주요 說文學 著述과의 比較

淸代가 중국문자학의 전성시대였음은 앞에서도 설명한 바 있다. 엄밀하게 말하면 淸代 문자학의 분야는 古韻學, 古聲學, 切韻學 등의 聲韻學과 說文學으로 나누어진다. 여기서는 說文學派의 주요 저자와 저술에 대하여 개괄적으로 살펴보고자 한다.

문자학 분야에서 『說文』이 차지하고 있는 의의가 지대하므로 이를 텍스트로 하여 연구를 진행시킨 업적이 계속 이어졌다. 대표적인 예로 唐代에 李陽冰이 『刊定說文解字』를 저술하였고 宋나라때 徐鉉이 『校定說文解字』를 간행하였으며 南唐代에 徐가 『說文繫傳』를 저술함으로써 면면이 이어져 오다가 淸代의 乾嘉時代에 이르러 비약적으로 발전하게 된다. 이 시대에 『說文』에 대하여 개별적으로 註釋하거나 許愼의 文字解說 理論을 발전적으로 승계한 것이 약 250여종, 논자에 따라서는 500여종까지 이른다고 한다.[1] 이것은 그만큼 乾嘉時代에 說文學이 성행하였음을 증명하는 것이다. 그런데 이 많은 저술 중에서 段玉裁(1735~1815)의 『說文解字注』, 桂馥(1736~1805)의 『說文解字義證』, 王筠(1784~1854)의 『說文釋例』·『說文句讀』, 朱駿聲(1788~1858)의 『說文通訓定聲』 등이 대표적 저술로 손꼽힌다. 이들을 說文四大家라고 명명하며 이들의 저술이 許愼의 『說文』을 가장 정확하게 주석하고 해설한 것으로 알려져 있다. 여기에서 설명하고자 하는 說文四大家의 저술에 대해서는 간략하게 소개하고자 한다. 그 이유는 이 章의 목적이 淸代 說文學과 『翼徵』이 어떠한 차이점을 갖고 있는지를 살펴보는데 있

1) 林尹. **訓詁學概要**. **臺灣**, 正中書局, 1972. p. 274.

으며, 청대 설문학파의 학문적 경향을 알아보는데 있기 때문이다.

段玉裁의 『說文解字注』는 설문학파의 많은 저술 중에서 선구적 업적이며 다른 학자들의 저술을 불러 일으켰다고 평가될 만큼 독보적인 가치를 지니고 있다. 段玉裁는 戴震의 영향을 받아 문자학에 몰두한 이래 30여 년간의 노력을 기울여 이 저술을 완성시킴으로써 청대 문자학의 새로운 경지를 개척한 인물이라고 할 수 있다. 『說文解字注』가 완성된 것은 1807년(73세)이며, 1815년에 전질이 간행되었다. 이 저술은 기본적으로 許愼의 『說文』을 註釋하는 것이기 때문에 『說文』 15卷과 동일한 구성을 취하고 있다. 盧文弨가 서문에서 말하기를 '설문이 있은 이래 이보다 더 나은 책이 있지 않다'고 한 것이나, 王念孫이 '대개 1700년 이래 이러한 작품이 없다'라고 한 것은 사실 지나친 칭찬이라고 만은 할 수 없다. 그만큼 『說文解字注』는 그 중요성과 가치를 인정받을 수 있는 것이다. 段玉裁는 善本을 택하여 許愼의 저술을 校勘하고 俗字를 수정하였으며 옛 차례를 考正하고 원문을 바로 잡았다. 그리고 『說文』의 立文을 部로 나누고 辭說解에 속한 것은 經書를 인용하여 정밀하게 분석·설명하였음은 물론 훈고의 득실을 상고하여 古韻의 分部를 정정함으로써 『說文』이 곧 문자학의 寶典이 되게 했던 것이다.

그러나 段玉裁는 가끔 지나친 추정과 자신의 해설을 맹신하는 단점을 드러내어 문자해설상에서 오류를 범하기도 하였다. 그러자 이 『說文解字注』의 오류를 바로 잡고자 하는 저술이 쏟아져 나왔는데, 대표적인 것으로 王念孫의 『段氏說文簽記』, 桂馥의 『說文段注鈔案』, 鈕樹玉의 『說文段注訂』, 徐承慶의 『說文段注匡謬』등 20여개가 있다. 이들은 段玉裁의 註釋에 대하여 잘못된 것을 바로 잡기도 하고 혹은 다시 그것을 해설하기도 한 저술로서 『說文解字注』가 淸代의 문자학에 끼친 영향이 깊고 넓다는 사실을 다시 한번 알게 해 준다.

桂馥의 『說文解字義證』은 모두 50卷으로 되어 있는데 桂馥이 脫稿하기는 했으나 직접 교정하지는 못한 책으로 自序와 凡例를 미처 撰

述하지 못했다. 1870년에 완성된 이 저서는 매 글자 아래 여러 서적을 증거로 인용하여 한두 개에서부터 수십여 개까지 한꺼번에 제시하였으며 또한 金文을 참고하여 자세히 교감하도록 했다. 王筠은

> 桂氏의 저서는 증거로 인용한 것이 비록 많지만 맥락이 관통하며 앞에서 미진하게 설명한 것은 뒤에서 보충하였고 앞에서 잘못된 것은 뒤에서 바로 잡았다. 무릇 인용한 것들이 모두 차례가 있으나 허신의 해설을 통달할 수 있기에 족하면 그쳐서 오로지 옛 전적에 의지하였으나 자기의 뜻을 덧붙이지 않았다.2)

라고 하여 이 저술의 득실에 대하여 온당하게 평가하였다. 張之洞은 특히 段玉裁의 『說文解字注』와 이 저술을 비교하면서

> 段氏의 저술은 聲과 義가 같이 밝혀져 있으나 더욱 聲에 깊으며, 桂氏의 저서는 聲도 언급되어 있으나 더욱 義에 넓다. 段氏는 여러 자료를 갖추어 스스로 許慎의 뜻과 합해졌다고 생각하여 자신감에 넘친 나머지 스스로 일가의 말을 이루고자 하였으므로 글자를 분해하여 뜻을 새롭게 정한 것이 많다. 桂氏는 許慎의 해설을 부인 설명하여 그것이 발휘되고 통하게 하였으며 학자들로 하여금 그 주석을 인용하고 신장하여 스스로 그 뜻이 돌아가는 바를 얻게 하였으므로, 段氏의 저서는 간략하지만 궁벽 진 곳을 통하기 어려우며 桂氏의 저서는 번거롭지만 살피기가 쉽다. 무릇 말이 그 마음속에서 얻은 것은 段玉裁가 낫지만 말이 다른 사람에게 편리한 것은 그가 桂馥보다 낫다고 할 수 없다.3)

---

2) 王筠. **說文釋例自序**.
(桂氏書徵引雖富 脈絡貫通 前說未盡 則以後說補苴之 前說有誤 則後說辨正之 凡所稱引 皆有次第 取足達許說而止 古傳臚古籍 不下己意也)

3) 林尹. **訓詁學概要**. 臺灣, 正中書局, 1972. p. 276.(재인용)
(段氏之書 聲義兼明 而尤邃于聲 桂氏之書 聲亦並及 而尤博于義 段氏鉤索比傅 自以爲能冥合許君之人義 勇於自信 欲以自成一家之言 故破字創義爲多 桂氏敷佐許說 發揮旁通 令學者引伸貫注 自得其義之所歸 故段書約而猝難通闢

라고 하였다. 위의 논평도 한곳에 치우치지 않고 段玉裁와 桂馥의 저서가 갖는 각각의 특징을 정확하게 지적한 것으로 보인다.

王筠의 『說文釋例』와 『說文句讀』을 저술하였는데 『說文釋例』는 모두 20卷이며 부록으로 「補正」 20卷이 덧붙어 있다. 이 저서는 1837년에 완성되었는데, 옛 사람들이 글자를 제작할 당시의 본의를 해설하고 다시 許愼의 저서가 갖고 있는 體例를 밝혔으며, 前代 儒學者들이 마음대로 고친 것과 의심이 가는 것을 바로 잡았다. 그리고 이 저서는 六書의 系統的 연구에 더욱 과학적인 분석을 시도했다고 평가받고 있다.

『說文句讀』은 30卷으로 되어 있고 「補正」30卷이 부록으로 붙어 있다. 王筠은 自序에서 1844년경 직접 『說文解字』를 베껴 쓰면서 여러 서적과 많은 사람들이 보충한 것 중에서 특별히 段玉裁, 嚴可均, 桂馥 등 3명이 모은 것을 참고하였다고 밝혔다. 특히 王筠은 이 저술에서 『說文解字注』의 체제와는 달리 자신의 독자적인 구성방식을 취하였음을 천명하였는데 그것은 이 저서의 다섯 가지의 특징, 즉 刪篆·一貫·反經·正雅·特識을 말한다. 刪篆이란 매 部首에 각각 적혀있는 문자와 重文중에서 번거로운 것들을 빼어 버렸다는 것이고, 一貫은 字形과 字音과 字義가 서로 통하도록 했다는 뜻이다. 反經은 『說文』이 인용한 경전 중에 많은 것이 당시의 경전과 같지 않으므로 漢代 유학자의 古義에 의거했다는 뜻이고, 正雅는 『說文』에 의거하면서 『爾雅』郭璞注로 바로 잡았다는 것이며, 特識은 경전의 뜻을 인용하여 許愼의 독특한 학설을 증명했다는 것이다. 王筠의 이 5가지 관점은 선배학자들의 장점을 모아 널리 살피고 간략하게 취했으며 번거로운 것을 제거하고 중요한 것을 들어올려 一家의 학설을 이루었다고 평가된다.

朱駿聲의 『說文通訓定聲』은 18卷으로 되어 있으며 1848년에 완성

桂書繁而尋省易了 夫於其得於心 則段勝矣 於其便於人 則段或未之先也)

되었다. 이 저서의 제목은 각각 說文, 通訓, 定聲으로 나눌 수 있는데, 說文이라는 것은 『說文解字』의 약칭이 아니고 이 책에서 설명한 문자의 本形과 本義를 말하며, 通訓은 轉注와 假借에 대한 이론을 설명한 것이고 定聲은 形聲字의 聲部를 정하여 『說文』에서 해석한 전체 문자를 부수별로 나누었다는 뜻이다. 특히 朱駿聲의 학설 중 가장 주목받는 것은 통할 수 있어 통한 것을 轉注라고 규정하고 통할 수 없는 것이 假借라고 규정하여 轉注와 假借를 분명하게 구분하였다는 점과 1,137개의 聲部로 나누어 說文에서 해설한 9,353字를 분류했다는 점이 중요하다.

『翼徵』의 문자해설방식을 검토하기 위하여 비교대상으로 청대 설문학파의 저술 중에서 段玉裁의 『說文解字注』와 吳大澂의 『說文古籒補』를 선정하였다. 그 중에서 段玉裁의 『說文解字注』를 선정한 이유는 이 저술이 청대 설문학파의 흥기를 자극한 중요한 저술이기 때문이다. 사실 許愼의 『說文』이 文字學의 典範으로 취급되기 시작한 것도 이 저술의 출현으로부터 이었으니 『說文解字注』의 의의를 알 수 있다. 뿐만 아니라 여기에는 段玉裁의 문자해설방식이 잘 나타나 있어 여러모로 비교가 가능하다고 할 수 있다.

그리고 說文學에서의 남은 저술 중에서 吳大澂의 『說文古籒補』(이하 『古補』로 약칭)를 『翼徵』과의 비교 대상으로 선정한 이유는 다음과 같은 세 가지의 이유에서이다.

첫째, 이 『古補』는 書名에서도 알 수 있듯이 『說文』에 해설된 문자들의 古文을 제시함으로써 許愼의 해설을 보충하기도 하며 새로운 해설을 시도하기도 했다. 따라서 이런 방법론은 기본적으로 『翼徵』의 방식과 유사하다고 볼 수 있는 것이다.

둘째, 『古補』의 저자인 吳大澂은 1835년에 태어나 1902년에 별세하였으니 그가 활약한 시대가 朴瑄壽(1823~1899)와 거의 일치한다는 점이다. 이때는 段玉裁 보다 100여 년 늦은 시기로 문자학 방면에서는 많은 업적이 이루어진 때이므로 이 시기에 대표적 연구와 『翼徵』

을 비교하는 것은 필요할 것이다.

셋째, 金允植의 『說文翼徵序』에 의하면 朴珪壽가 중국에 사신으로 갔을 때 아직 완성되지 않은 『翼徵』의 草稿를 가지고 가서 당대에 이름있는 說文學者들에게 보여주었는데[4] 이때 吳大澄도 포함되어 있다. 이것은 매우 의미 있는 사건이 아닐 수 없다. 朴珪壽의 중국행차는 1861년과 1872년에 있었는데 여러 가지 주변 사정을 고려해볼 때 위의 사실은 1872년의 사신 길에 일어났을 것으로 보인다. 『翼徵』의 草稿를 같이 본 사람들은 吳大澄과 王軒, 董文燦 등이었다. 이때 吳大澄은 37세 가량이었을 때이므로 한창 공부에 열중하고 있었을 때였을 것이다. 이런 과정에서 고대의 金文을 기준으로 許愼의 오류를 수정하는 朴瑄壽의 방식은 많은 자극을 주었을 것이라고 추정된다.

> ……여러 학자들은 모두 說文學에 조예가 깊은 사람들이었다. 크게 칭찬하여 말하기를 '許氏의 진실한 功臣이니 徐鉉의 父子가 문자에 의거하여 해석한 것과는 같지 않으니 그 全稿가 출간된다면 洛陽의 종이 값이 오를 정도가 될 것이다'라고 하지 않음이 없었다.[5]

위의 기록을 그대로 인정하기는 어렵다 하더라도 『翼徵』이 당시 중국 설문학자들에게 많은 영향을 끼쳤으리라는 사실은 짐작할 수 있겠다.

吳大澄이 『古補』를 완성한 것은 1883년이니 『翼徵』을 본지 10여 년 이후의 일이다. 潘祖蔭이 쓴 「說文古 補叙」에 의하면 吳大징이 『翼徵』

---

4) 金允植. **雲養集**. 說文翼徵序.
(諸君皆邃於說文之學者也 莫不大嘉秤賞曰 此許氏之眞功臣 非若徐鉉父子之依文解釋而已 俟其全稿出 當見洛陽之貴也)

5) 潘祖蔭. **說文古籀補叙**.
(辛未壬申年間……無日不以攷訂爲事 得一器必相傳觀致足樂也 忽忽十餘年矣)
여기서 말하는 辛未・壬辰年은 1871년과 1872년을 말한다.

을 보았을 당시에 그도 鍾鼎文에 대해 큰 관심을 갖고 있었으며 몇몇 학자들과 어울려 열심히 연구하고 토론하던 중이었음을 알 수 있다.[6] 그리고 吳大澂도 자신이 30여 년간에 걸쳐 청동기 유물을 수집하여 연구를 지속했다고 말하였다.[7] 따라서 吳大澂이 계속 관심을 가지고 古文에 대해 연구하던 중 『翼徵』을 보았음을 알 수 있으며, 이것이 『古補』의 찬술에 어느 정도의 영향을 주었을 것으로 보인다.

A. 段玉裁의 『說文解字注』

1) 『說文解字注』의 構成

앞에서 말한 바와 같이 『說文解字注』(이하 『說注』로 약칭)는 『說文』을 注釋한 것이기 때문에 기본적인 體裁나 構成이 『說文』과 같을 수밖에 없다. 다만 注釋하는 과정에서 분량이 늘어 『說文』의 각편을 上·下로 나누고 뒤에 부록이 붙어 있어 모두 32卷으로 구성되어 있다.

『四部刊要』의 經部·小學類에 보이는 『說注』를 중심으로 체재와 구성을 살펴보면, 근대의 저술답게 대단히 치밀하게 짜여져 있으며 자세하게 설명되어 있어 『翼徵』의 간략한 구성 보다는 훨씬 더 체계적인 구성을 취하고 있음을 알 수 있다. 먼저, 表紙 뒤에 '經韻樓臧版'이라고 판본의 출처가 명시되어 있다. 다음에 유명한 王念孫의 「說文解字注序」가 있고, 그 다음에 分卷目錄이 있는데 32卷의 순서를 적어 놓았다. 그리고 제1권부터 28권까지 본격적인 註釋이 전개된다. 『說文』의 제15권에는 許愼의 後序가 있으며 540개의 부수를 순서대로 各卷別로

---

6) 潘祖蔭. 說文古籒補叙.
(大 篤耆古文 童而習之 積三十年)

7) 吳大澂. 說文古籒補叙.

나열해 놓은 뒤 다시 허신의 叙가 있는데, 段玉裁는 이것에 대해서도 주석을 달아 놓았다. 30권 말미에 嘉慶20년(1815, 乙亥) 5월에 간행되었음을 명기하였고, 이어서 江沅의 「說文解字注後序」와 陳煥의 跋文, 盧文弨의 「說文解字讀序」가 첨부되어 있다. 이 뒤에 「說文部目分韻」이 수록되어 있다. 『說注』가 『說文』과 다른 것은 제31, 32권에 있는 「六書音均表」이다. 이것은 古韻을 詩經類, 群經類 및 形聲便旁을 귀납하여 17부로 확정한 업적인데 段玉裁의 스승인 戴震이 직접 序文을 썼으며, 중국 성운학사상 매우 중요한 업적으로 인정받고 있다. 「六書音均表」는 다섯권으로 되어 있는데; 「今韻古分十七部表」, 「古十七部諧聲表」, 「古十七部合用類分表」, 「詩經韻分十七部表」, 「群經韻分十七部表」등으로 모두 52,325자가 수록되어 있다.

2) 『說文解字注』의 文字解說 方式

段玉裁는 許愼의 해설을 심도 있게 해설함으로써 『說注』를 완성시켰다. 물론 독자적인 해설을 시도하여 許愼의 해설을 반박한 경우도 없지 않다. 許愼이 해설한 문자의 근본 뜻을 정확히 알고 난 후 그것을 다시 부연 설명했기 때문에 그가 許愼의 정통을 계승했다고 인정되는 것이다. 많은 典籍을 참고하여 許愼의 원작보다 훨씬 더 풍부하고 깊이 있는 해설을 가함으로써 허신의 원래 뜻을 살리는 것은 물론 자신의 문자학적 학문세계를 완성시킬 수 있다는 점이 『說注』의 특징이라고 할 수 있다.

여기에서 段玉裁의 주석 가운데 중요하다고 판단되는 理字에 대한 해설을 살펴봄으로써 그의 문자해설방식을 알아보고자 한다.

許愼이 理字를 '옥을 다듬는 것이다. 玉을 따르며 里의 소리를 갖는다(治玉也 從玉里聲 良止切)'이라고 간단히 설명하였다. 從玉里聲 良止切'에 대하여 段玉裁는 아무런 설명을 덧붙이지 않고 다만 一部

라고만 했는데 여기서 말하는 一部란 자신이 정리해 놓는 「六書音韻表二」에 실려 있는 「古十七部諧聲表」의 분류에 의한 第一部에 里聲이 실려 있다는 뜻이다. 중요한 것은 治玉也에 대한 해석이다.

> 戰國策에 의하면 鄭나라 사람들은 다듬지 않은 玉을 璞이라고 한다. 理는 나누어 쪼갠다는 뜻이다. 玉이 비록 견고하지만 다듬을 때 그 결을 따라 한다면 모양을 이루기가 어렵지 않으므로 理라고 한다.
>
> 무릇 天下의 모든 事物은 반드시 그 情을 미루어서 섭섭함이 없은 다음에야 곧 편안해지는 것이니, 이것을 일러 天理라 하고 善治라고 하는 것이다. 이것은 확장된 의미이다. 戴震의 『孟子字義疏證』에 말하기를'理는 잘 살펴 조짐이 있으면 반드시 구별하여 나누는 것의 이름이다'라고 하였다. 이런 까닭에 分理라고 하는 것이니 물건의 본질에 있어서 肌理(살결)라 하고 腠理(살결)라 하며 文理라고 하는 것이다. 나눌 수 있으면 조목이 생겨 문란해지지 않으므로 條理라고 하는 것이다.
>
> 樂記의 鄭注에 말하기를 '理라는 것은 나누는 것이다'라고 하고, 許愼이 말하기를 '나누는 이치가 별다른 것을 알다'라고 했다. 옛사람들이 天理라 말한 것은 무엇을 이르는 것인가'理라고 하는 것은 情을 잃지 않은 것이니 情을 얻지 못하면서 理를 얻는 자가 있지 않다. 天理라고 하는 것은 자연의 分理를 말하는 것이니, 自然의 分理라는 것은 나의 情을 다른 사람의 情과 연결하여 그 평정함을 얻지 않음이 없는 것이다.8)

許愼의 간략한 해설과 비교해 볼 때 段玉裁는 철학적이면서도 구

8) 段玉裁. **說文解字注.**
(戰國策 鄭人謂玉之未理者爲璞 是理爲剖析也 玉雖至堅 而治之得其 理 以成器不難 謂之理 凡天下一事一物 必推其情 至於無憾 而後卽安 是之謂天理 是之謂善治此引伸之義也
戴先生孟子字義疏證曰 理者察之而幾微必區以別之名也 是故謂之分理 在物之質曰肌理曰腠理曰文理 得其分則有條而不紊 謂之條理
鄭注樂記曰 理者分也 許叔重曰 知分之理可相別異也 古人之言天理何謂也 曰理也者情之不爽失也 未有情不得 而理得者也 天理云者 言乎自然之分理也 自然之分理 以我之情挈人之情 而無不得其平是也)

체적인 典據를 들어 자세히 해설하였음을 알 수 있다. 단지 玉을 다듬는 것이 理라는 해설을 바탕으로 이처럼 깊이 있는 해석을 할 수 있다는 점만으로도 『說注』의 가치는 충분히 인정된다. 사실, 段玉裁는 天理라는 중요한 철학적 개념에도 사용되는 理字를 간략하게 설명한 것에 만족할 수 없었다. 따라서 『戰國策』·『樂記』 등의 전적과 여러 사람의 說을 인용하면서 보충 설명하였고, 한편으로는 情의 개념까지 이용하여 해설을 시도했음을 알 수 있는 것이다. 이러한 방식이 『說注』에 일관적으로 사용되었다.

그러나 段玉裁는 가끔씩 자신의 해석을 지나치게 믿은 나머지 許愼의 해설을 자의적으로 수정하는 오류를 범하기도 하였다. 예를 들면 햇빛이 땅에 비친다는 뜻의 入과 공간을 나타내는 二가 합해져서 만들어진 白字는 古文에 의하면 라 표기되었는데 段玉裁가 篆文을 바꾸어 로 표기한 것이라든지, 衣字의 古文인 을 로 바꾼 것 등은 논리의 정당성을 잃은 것으로 보인다.9) 이러한 오류가 발생한 이유는 段玉裁가 『說注』를 저술하면서 字義 분석에는 가장 소홀했기 때문이었다.10) 그럼에도 불구하고 전체적으로 볼 때 段玉裁는 許愼의 뜻을 정확하게 이해하고 있으며, 그것을 계승하여 깊이 있는 해설을 추가시켰다고 할 수 있다.

3) 『說文解字翼徵』과 『說文解字注』

『說注』의 문자해설이 『翼徵』과 다른 결정적인 이유는 段玉裁는 許愼의 해설을 보충하고 주석하는데 주력한 관계로 鍾鼎文에 대해 관심을 두지 않았다는 점이다. 따라서 이 두 저서의 문자해설 방식은 근본적으로 다를 수밖에 없다. 앞에서 설명한 몇개의 문자에 대한

9) 陸宗達. **說文解字通論**. 金槿譯. 大邱, 啓明大學校出版部, 1986. pp. 94~95.
10) 陸宗達. **說文解字通論**. 金槿譯. 大邱, 啓明大學校出版部, 1986. p. 57.

해설을 비교해 보면 차이점이 발견된다.

(1) 祖字의 경우

이 글자는 朴瑄壽가 강조하여 해설한 글자 중의 하나로 절대적 존경의 대상인 祖가 어조사인 且에서 유래되었다는 것을 인정할 수 없다는 것이 朴瑄壽의 결론이었다. 그러나 段玉裁는 許愼이 祖는 始廟의 뜻이라고 해석한 것을 부연 설명하였을 뿐 다른 의견을 제시하지 않았다.

> 始는 두개의 뜻을 겸하고 있으니, 新廟도 始요 遠廟도 始이다. 그러므로 祔祭와 祪祭 모두 祖라 하는 것이다. 釋詁에 祖는 始라 했고 詩經 毛傳에 祖는 爲라고 했으니 모두 확장된 뜻이니, 마치 처음에는 옷을 만드는 것이 始였는데 확장되어 무릇 始가 된 것과 같다.[11]

이처럼 단옥재는 『說文』의 주석에 주력하는 것이 목적이었으므로 鍾鼎文에 祖가 祖로 쓰여 있는 것에 대해서는 언급하지 않았다.

(2) 白과 帛의 경우

앞서 설명했듯이 朴瑄壽가 金文을 근거로 제시하면서 원래 帛은 白이었고 白은 伯으로 사용되던 글자라고 단언하였지만 段玉裁는 그렇게 생각하지 않았다. 그는 단지 許愼이 帛을 繒이라고 해설한 것에 대해 聘禮 大宗伯篇의 注를 인용하여 요즈음의 푸른색 비단(帛今之翠色繒)이라고 주석했다. 白字의 경우도 이와 마찬가지이다.

---

11) 段玉裁. **說文解字注**. 卷1.
(始兼兩義 新廟爲始 遠廟亦爲始 故祔祪皆曰祖也 釋詁曰 祖始也 詩毛傳曰 祖爲也皆引伸之義 如初爲衣始 引伸爲凡始也)

(3) 王字의 경우

특히 王字에 대한 許愼의 해석은 봉건제도적 사고방식을 벗어나지 못한 것으로 비판받은 바이지만 段玉裁는 許愼의 해설을 그대로 답습하였다. 古文의 王字는
로 되어 있어 강력한 지배력을 상징하는 도끼를 들고 있는 모양을 형상화한 것이다. 그러나 단옥재는 허신의 해설을 설명하는 데에만 그칠 뿐, 다른 해석을 가하지 않았다.

이와 같이 『說注』는 說文學史上 중요한 저서로 인정되고 가치 또한 지대한 것이지만 적어도 문자해설 방식에 관한 한 『翼徵』과는 다른 방식을 갖고 있음을 확인할 수 있다. 이는 여러 가지 의미를 갖는데 그 중 하나는 朴瑄壽가 『說注』같은 名著가 있었음에도 불구하고 독자적인 방법론을 가질 수 있었다는 점이 의미 있다고 하겠다.

B. 吳大澄의 『說文古籒補』

1) 『說文古籒補』의 構成

『古補』도 說文學 관련저술이므로 기본적으로 說文의 구성을 따르고 있으며, 문자배열의 순서도 동일하다.[12] 卷頭에 陳介祺가 지은 「說文古籒補叙」와 潘祖蔭이 지은 叙, 그리고 吳大澂의 自序가 있다. 그리고는 12항목의 범례가 있고 이어 제1권이 시작된다. 모두 14권으로 구성되어 있으며, 특이하게 부록이 있다.

각권에는 첫머리에 그 권에서 해설하는 문자와 중문의 숫자가 기

12) 『說文』에 수록된 문자 전체에 대해 고찰한 것은 아니지만 기본적인 배열 순서는 『說文』과 동일하다.

록되어 있다. 문자해설의 경우, 해당문자의 고문을 金文에 의거하여 수록해 놓았는데, 상변위에 원래의 글자를 쓰고 그 밑에 자신이 찾아 낸 고문들을 수록해 놓았다. 그리고 간혹 몇몇 주요 글자들에 대해 해설을 시도했으며, 각 문자 밑에는 그 문자를 발견해 낸 유물의 이름을 정확하게 기록해 놓음으로써 吳大澄도 고증에 충실했던 모습을 보여준다. 특히 吳大澄은 이를 철저히 지켜 같은 글자라도 여러 개의 古文이 있을 경우에는 각 글자마다 출전을 밝혀 놓았다. 예를 들면 天字의 경우 吳大澄이 제시한 고문은 모두 5자인데 각 글자 밑에 출전이 적혀 있다. 이것은 朴瑄壽가 天字의 徵字로 4자를 제시한 것보다 한 글자가 많고, 朴瑄壽가 여러 유물에서 보인다는 이유로 출전을 명시하지 않은 것과 비교된다. 참고로 『古補』에서 제시한 고문의 숫자를 각권별로 살펴보면 <표6>과 같다.

<표 6> 『說文古籒補』의 卷別 古文 數

卷次	古文數
1	114
2	368
3	481
4	205
5	384
6	357
7	429
8	249
9	212
10	242
11	218
12	451
13	270
14	765
總	4,775

吳大澄이 제시한 고문이 4,775자라는 사실은 일단 객관적인 수치 비교에서 朴瑄壽가 徵한 글자 수인 1,351보다 많다. 이는 『古補』가 유물을 통해 확인할 수 있는 최대한의 고문을 발굴하여 증거로 내세웠음을 말한다. 그러나 朴瑄壽는 조선에 살았다는 지리적 이유로 중국의 학자들보다 많은 유물을 대할 기회가 적었으며, 이것이 이러한 결과로 나타나게 된 것이다.

2) 『說文古籒補』의 文字解說 方式

『古補』는 古文을 찾아 증거로 삼음으로써 許愼의 해설을 보완하는 것이 목적이었지만 간혹 독자적인 문자해설을 시도하여 주목된다. 이때의 解說은 許愼이나 段玉裁와 다른 것은 물론 朴瑄壽의 해설과도 일치하지 않아 비교 고찰할 필요성을 갖는다.

(1) 天字의 경우

吳大澄이 제시한 天字의 고문은 [illegible]·[illegible]·天·[illegible]·[illegible] 등이다. 그리고 許愼이 天을 顚이라고 해설한 것에 비해 吳大澄은 '사람이 이고 있는 것이다. 천체는 둥글게 생겼으므로 ●을 따른다. 許氏가 하늘도 크고 땅도 크고 사람도 크므로 大는 사람의 형태를 상형한 것이라고 말했다'[13]라고 하여 天字의 형성에 대한 해설을 전개했다. 이것은 朴瑄壽가 종정문의 형태에 관심을 두어 天字의 大가 원래 太였음을 증명한 것과는 차이를 보인다.

---

13) 吳大澄. 說文古 補.
(人所戴也 天體圜 故從● 許氏說 天大地大人亦大 故大象人形)

(2) 祖字의 경우

朴瑄壽가 祖字에 대해 구체적인 증거와 유학자의 전형적 사고방식을 중심으로 許愼의 해설을 극력 수정하고자 했던 것과는 달리 吳大澂은 다른 해설 없이 고문 자만을 제시해 놓았으며 아래에 '齊子仲姜鎛'라고 출처를 밝혀 놓았다. 이것은 朴瑄壽가 밝힌 유물명이 '齊侯鍾'이라는 사실과도 차이가 있으며 朴瑄壽가 제시한 고문 과도 차이가 있어 매우 주목된다.

(3) 王字의 경우

王子에 대한 해설이 許愼과 段玉裁는 일치하지만 朴瑄壽는 전혀 다른 견해를 갖고 있음을 위에서 살펴보았다. 그러나 吳大澂은 이들과는 또 다른 해설을 하여 의미 있다. 吳大澂이 제시한 고문은 로 朴瑄壽의 그것과 일치한다. 그러나 해설은 일치하지 않는다.

> 크고 성한 것이다. 二와 를 따르는데 는 옛날의 火字이다. 땅위에 불이 있으면 그 기운이 성한 것이다. 불이 성한 것도 王이라 하고 德이 성한 것도 王이라 한다.14)

위의 해설을 보면 같은 글자를 대상으로 학자들 사이에 많은 관점의 차이가 있었음을 알 수 있다. 吳大澂은 을 火로 해석하였으나 다른 학자들은 도끼류의 무기로 해설하여 피지배자를 다스리는 지배자의 통치권을 의미한다고 하였으니15) 서로 다른 관점의 차이가 있음을 다시 한 번 알 수 있는 것이다.

---

14) 吳大澂. 說文古籒補叙.
(大也盛也 從二從 古火字 地中有火 其氣盛也 火盛曰王 德盛亦曰王)
15) 李敦柱. **漢字學總論**. 서울, 博英社, 1992. p. 188.

(4) 悳字의 경우

이 글자의 해설은 朴瑄壽와 吳大澂이 갖고 있는 관점의 차이를 확실하게 보여주는 좋은 예이다. 德字가 彳과 悳을 따르며 悳자가 直와 心을 따른다는 데에는 이견이 없으나 直의 해석이 다르다. 吳大澂은 直이 고대의 相字라고 했으나 朴瑄壽는 이것이 잘못이라고 지적하면서 直이 省字임을 주장하였음은 앞에서도 밝힌바 있다.

(5) 白과 帛의 경우

위의 德字의 해설과는 달리 白과 帛의 해설에서는 두 저술이 서로 일치하고 있다. 朴瑄壽의 주장에 의하면 白은 원래 伯자이고 帛이 白字임을 알 수 있는데 吳大澂이 주장한 것도 朴瑄壽와 정확히 일치한다. 그러나 『翼徵』에서 帛字를 발견한 유물이 帛女鬲과 石鼓인데 비하여 『古補』에서는 辛宮鼎으로 되어 있어 차이가 있다.

3) 『說文解字翼徵』과 『說文古籒補』

『古補』와 『翼徵』 사이에서는 같은 부분과 다른 부분이 있어 비교고찰의 필요성을 느끼게 한다. 먼저 두 저술은 저술에서의 기본적 자세가 약간 다르다. 朴瑄壽는 『說文』의 위대성을 충분히 인정하였으며 『說文』의 오류를 발전적으로 수정·보완하는 것이 기본적인 자세였으나, 吳大澂의 경우는 『說文』의 위대성을 인정하는 것은 같지만 객관적으로 확인할 수 있는 증거를 제시함에 충실할 뿐 자의적인 해석을 시도하지 않는 것이 기본적 방식이었다.16) 따라서 朴瑄壽가 독자적이고 새로운 문자해설에 주력한 반면 吳大澂은 많은 유물을

16) 吳大澂. 說文古籒補. 「序」.
(索解不獲者 存其字 不繹其義 不敢以 巧說衷辭 使天下學者疑也)

연구하여 해당 문자의 古文을 다양하게 제시해 놓는 것에 목적이 있었다. 그런데 실제 문자해설에 있어서 간혹 일치하는 경우도 있으나 많은 부분에서 서로 의견을 달리 하고 있다.

두 저술이 갖는 공통점은 許愼의 한계가 발생한 결정적 이유인 金文에 대한 관심을 갖고 있었다는 점이다. 이 둘은 許愼이 고문에 관심을 갖지 않았기 때문에 해설에서 오류가 발생했다고 믿었다. 그러므로 이들은 동일하게 청동기 유물에서 발견할 수 있는 古文을 최대한 수집하여 그것으로 자신의 문자해설에 있어서의 증거로 삼았던 것이다. 그리고 이들이 철저한 고증을 바탕으로 한 학문연구 방법을 가지고 있다는 점도 공통점이라 할 수 있다.

Ⅵ. 『說文解字翼徵』과 甲骨文

지금까지 『翼徵』에서 朴瑄壽가 주장한 문자해설을 살펴보고, 그것을 許愼의 『說文』과 淸代의 『說文注』·『古補』등과 비교하여 보았다. 그 결과 『翼徵』의 문자해설방식은 독자적인 체계를 구성하고 있으며, 金文을 중심으로 해설을 전개하여 증거제시의 측면에서 논리적 타당성을 갖고 있음이 입증되었다. 여기에 朴瑄壽가 전거로 활용한, 金文에 선행되었던 古代漢字인 甲骨文의 字形이 과연 그의 해설과 비슷한 형태를 갖고 있음이 확인된다면 이것은 그의 문자해설 방식이 정당했다고 입증될 것이다. 따라서 朴瑄壽가 해설한 文字의 甲骨文을 확인하는 것은 그의 해설을 검토하는 가장 실질적인 방법이 될 것이다.

A. 甲骨文의 實態

甲骨文이 發見된 것은 1898년 후반이었으며, 정식으로 그 실상과 가치가 인정된 것은 1899년 淸의 王懿榮에 의해서였다.[1] 王懿榮은 친구 劉鶚에게 甲骨을 양도하였으며, 劉鶚이 羅振玉의 추천으로 1,058편의 骨片을 탁본하여 『鐵雲藏龜』를 石版으로 간행한 것이 1903년이었다.[2] 그리고 羅振玉이 1908년에 이르러서야 甲骨이 출토된 지점을 밝혀내

---

1) 李學根. **古文字學첫걸음**. 河永三 옮김. 서울 東文選, 1991. p. 99.
2) 李郭柱. **漢字學總論**. 서울, 博英社, 1992. p. 65.

었는데, 그곳은 殷墟라 하는 곳으로 뒤에 商王朝 후기의 수도였음이 고증되었다. 갑골의 발견과 殷墟에 대한 고증은 1928년 대대적인 殷墟 發掘을 야기했는데 이는 고고학적으로 대단히 중요한 발굴로 알려지고 있다. 이 모든 사실들은 朴瑄壽의 死後에 이루어진 것이므로 朴瑄壽는 甲骨文을 보지 못했다.

甲骨文이라 함은, 짐승의 뼈(특히 소의 어깨뼈)나 거북의 껍질에 새겨진 문자를 말하는데, 이 문자는 원시중국의 그림문자들과는 확실하게 구분되며 현재 사용하고 있는 漢字의 最古形으로 인정되는 古形의 字體이다. 甲骨文의 발생 이유는 현전하는 甲骨文의 내용으로 미루어 보아 점술의 필요에 의해 비롯된 것으로 보인다. 왕이나 지배자가 神에 대하여 어떤 행위의 성사여부와 길흉을 묻기 위하여, 혹은 神의 뜻을 백성들에게 전달하기 위하여 창조된 신성한 문자였던 것이[3] 甲骨文인 것이다. 특히 점을 치기 위하여 獸骨을 사용하였는데 甲骨에다 그 내용을 적어 놓았으므로 甲骨文을 卜辭라 부르기도 한다. 이러한 이유로 인해 시작된 甲骨文字는 글자의 수가 많기도 하지만 이미 성숙된 문자라는 점이 더욱 의의 있다. 甲骨文字라면 보통 象形文字를 연상하게 되지만 실제로 甲骨文字에서 상형문자의 비율은 높지 않으며, 문자구성의 주요원인인 六書의 예가 甲骨文字에서 나타나기 때문에 甲骨文字가 원시적인 단계를 훨씬 지나 정제된 글자모양을 갖춘, 발달한 古代文字임을 알 수 있다. 그리고 甲骨文字에서 形聲文字가 많다는 사실도 이것이 오랜 시간을 통하여 발전된 문자라는 것을 입증한다.[4]

商王朝 후기의 도읍지인 殷墟에서 백성을 다스리던 군주는 盤庚에서부터 帝辛까지 12명이며 이들은 다시 5기로 나눌 수 있다. 이 때는 대략 BC 1400~1122년에 해당하는 시기인데, 甲骨文字의 字形이 書體로 확립된 것은 殷墟時代의 말기, 즉 제4기에 이르러서야 가능했던

---

3) 李郭柱. **漢字學總論**. 서울, 博英社, 1992. p. 67.
4) 李學根. **古文字學첫걸음**. 河永三 옮김. 서울, 東文選, 1991. pp. 101~102.

것으로 보인다.[5] 현재까지 발굴 정리된 甲骨片의 수는 5만여 점에 이르고 여기에 쓰인 文字의 수도 4000여 單字가 된다. 그러나 대부분 人名이나 地名은 고유명사인 관계로 3분의 1정도만이 해독되었다.

甲骨文 중에는 西周時代의 것도 발견되었는데 商代의 甲骨文과 다른 특성을 갖고 있으나 卜辭의 내용은 서로 근접하여, 동일한 계통은 아니지만 영향을 주고받았음을 알 수 있다. 金文이 출현한 것은 商代 中期에까지 소급된다. 이때부터 周代 말기까지 청동기가 제작되었으므로 각각의 器物위에 새겨진 문자는 약 천여 년 간의 시대적 격차가 있을 수도 있는 것이다. 그러므로 金文이 존재하기 시작했던 것으로 말하면 甲骨文과 상당기간 겹치게 된다. 다시 말하면 甲骨文이 쓰이던 시대에도 金文은 존재했었다는 것이다. 그리고 金文이 甲骨文보다 한자의 원시형태나 또는 圖形단계를 보여주는 例도 없지 않다.[6] 그러나 商代 中期에 발견된 金文은 극소수의 몇 字만이 있을 뿐이며, 일반적으로 金文이라면 長篇化되고 字形도 정제된 周代 中期 이후의 文字를 의미한다. 그러나 甲骨文은 비록 周代의 것이 발견되었지만 그 이전 商代에 주로 쓰였던 문자이므로 자연스럽게 金文보다는 甲骨文이 先行文字였다는 사실을 인정할 수 있는 것이다. 따라서 甲骨文은 현행한자의 祖形으로서 인정되므로 金文보다 더 오래 전에 사용되던 문자였다는 점을 알 수 있으며, 朴瑄壽의 문자해설 방식을 확인할 수 있는 기준으로 甲骨文을 사용할 수 있다는 근거가 여기에 있다.

---

5) 李學根. **古文字學첫걸음**. 河永三 옮김. 서울, 東文選, 1991. p. 109.
6) 李敦柱. **漢字學總論**. 서울, 博英社, 1992. p. 73.

B. 甲骨文과의 比較

朴瑄壽가 논리전개의 전거로 삼았던 金文의 字形이 甲骨文에는 어떻게 나와 있는가를 살펴보는 것은 그의 해설의 타당성 여부를 검증하는 방법이 된다. 『翼徵』의 1,351字 중 갑골문에 보이는 글자는 544字인데7) 어떤 字形으로 나타나는지를 검토해보고자 한다.

1) 金文과 甲骨文이 일치하는 경우

(1) 王字의 例

王字는 許愼의 봉건주의적 사고방식으로 인하여 글자해설을 잘못한 경우로 지적되어 朴瑄壽가 金文을 제시하면서 수정했던 대표적인 문자이다. 許愼의 해설을 먼저 살펴보면 다음과 같다.

> 天下가 돌아가는 곳이다. 董仲舒가 말하기를 '옛적에 문자를 만드는 자가 세 개의 획을 긋고 그 가운데를 잇고서는 王이라 했다. 세 개라는 것은 天·地·人을 말하는 것이니 그것에 참여하여 통한 자가 王이다'라고 했으며, 孔子가 말하기를 '하나가 세 개를 관통한 것이'라고 했다.……李陽冰이 말하기를 '가운데의 획이 上과 가까우니 王이라는 것은 곧 天의 道이다.8)

---

7) 甲骨文의 字形을 확인하기 위해 갑골문 자전을 사용한 것으로 徐中舒 主編. **甲骨文字典. 中國, 四川辭書出版社**, 1988을 사용했다.

8) 許愼. **說文解字**. 卷 1.
(天下所歸往也 董仲舒曰 古之造文者 三劃而 連其中 謂之王 三者天地人也 而參通之者王也 孔子曰 一貫三爲王……李陽氷曰 中劃近上王者 則天之道)

許愼은 王이 절대적 존재였던 시대의 인물이었으므로 위와 같이 해설한 것이다. 그는 자신의 해설을 보충하기 위해 董仲舒와 孔子의 말을 인용해 놓았으며 唐代의 李陽冰도 이와 비슷한 주장을 했다. 그러나 朴瑄壽는 이에 동조하지 않았다. 그가 제시한 王字의 金文은 [illegible]·[illegible]·[illegible] 등이었다. 그리고 다음과 같이 해설했다.

> 王字는 周代 중엽이전에는 아래 획을 쟁반모양처럼 썼으므로 하나가 세 개를 관통했다는 것이 孔子의 말이 아님을 알겠다.[9]

朴瑄壽는 王字의 아래 획이 쟁반처럼 생겼다는 점을 눈여겨보고 許愼이 孔子의 말이라고 인용한 것마저 부인하였다. 朴瑄壽가 王字의 의미를 추정하여 해설해 놓지는 않았으나 金文에 의거하여 許愼의 견해를 따르지 않는 것은 그가 견지하고 있던 자세를 잘 보여주는 것이다.

王字의 甲骨文은 [illegible]·[illegible]·[illegible]·[illegible] 등이어서 金文과 유사한 형태임을 알 수 있다. 그리고 이 글자는 칼날이 아래쪽을 향한 도끼의 형태를 상징한 것으로, 형벌과 살인을 주관하는 도끼로 王의 권위를 상징한 것이다.[10] 따라서 『翼徵』에서 제시한 金文과 甲骨文이 유사한 字形을 갖고 있음이 확인된다.

(2) 古字의 例

許愼은 古字가 十字와 口字가 결합하여 만들어진 글자라고 했으나 朴瑄壽는 十字가 원래 甲字라고 주장했다. 『翼徵』에서 증거로 삼은 古의 徵字는 [illegible]·[illegible] 등이다. 甲骨文에서 확인한 古字는 [illegible]·[illegible]·[illegible]이어서 金文과 다른 것처럼 보인다. 그러나 甲骨文에 대한 다음의 해설

---

9) 朴瑄壽. **說文解字翼徵**. 卷 1.
(王字 在周中葉以前 下劃作盤形 則一貫三爲王 知非夫字之言)

10) 徐中舒. **甲骨文字典**. 中國, 四川辭書出版社, 1988. p. 32.

은 이들이 같은 형태의 문자임을 알 수 있게 한다.

> 을 따르고 仲이나 申을 따른다.……金文과 甲骨文이 대략 같으니, 다만 中字의 여백을 메워서 라고 쓴다.11)

朴瑄壽가 古字를 해설하면서 그 중의 十이 甲字라고 한 것이나 甲骨文에서 中이나 申이라고 한 것은 큰 차이가 없다. 甲·中·申은 같은 형태의 글자이기 때문이다. 그리고 위의 인용에서도 말했듯이 金文의 古와 甲骨文의 古는 같은 모양의 글자였던 것이다.

(6) 白과 帛의 例

許愼이 활동하던 前漢時代에는 陰陽五行說이 크게 유행했었다. 許愼은 음양오행설을 신봉하여 이를 바탕으로 문자해설을 시도하는 오류를 범했으니, 白字를 西方의 色이라고 해설한 것이 대표적인 예이다. 그러나 朴瑄壽는 ·과 등의 金文을 제시하면서 金文에서 쓰인 白字는 伯의 뜻이고, 帛字는 白의 뜻으로 쓰였다고 주장하였다. 甲骨文을 검토해 본 결과 白과 帛의 字體는 金文과 甲骨文이 동일한 것을 확인할 수 있다. 그러나 해설은 약간 다르다.

> 郭沫若이 이르기를 '엄지손가락의 모양을 상형한 것이다. 엄지손가락과 엄지발가락은 손과 발에서 모두 첫 자리에 위치하므로 白이 伯仲의 伯으로 의미가 확대되고, 王伯의 伯으로 확대되기도 하는 것이다. 그리고 흰색이라는 글자로 쓰이는 것은 假借이다'라고 하였으니, 그 말이 참고할 만하다.12)

---

11) 徐中舒. **甲骨文字典**. 中國, 四川辭書出版社, 1988. p. 217.

12) 徐中舒. **甲骨文字典**. 中國, 四川辭書出版社, 1988. p. 869.
(郭沫若謂象拇指之形 拇爲將指 在手足俱居首位, 故白引申爲伯仲之伯 又引申爲王伯之伯 其用爲白色字者 乃假借也 其說可參)

위의 인용 뒤에 許愼의 해설을 인용한 뒤 설명이 명확하지 못하다고 덧붙여 놓았다. 이어 白字가 甲骨文에 사용된 用例를 白色, 白과 같은 의미, 伯과 같은 의미, 神祇의 명칭, 國名 혹은 地名 등 다섯 가지로 분류해 놓았다. 이로 볼 때 白이 伯으로 사용되었다는 朴瑄壽의 주장도 설득력이 있다. 그러나 甲骨文에서 帛이 白이나 伯으로 사용된 例는 없고, 다만 地名으로 쓰인 경우만 있다. 帛이 地名으로만 쓰였다고 해서 朴瑄壽의 문자해설방식이 잘못되었다고 단정할 수는 없다. 甲骨文에서는 쓰이지 않았으나 金文에서 帛이 伯이나 白으로 쓰였을 가능성은 충분히 있는 것이다. 결론적으로 말해서 朴瑄壽가 주장한 白과 伯의 해설은 甲骨文에 의해서 확인되었지만, 帛字의 예는 甲骨文에서 확인하지 못했다. 그렇지만 甲骨文에 나타나지 않는다는 이유로 인하여 그의 문자해설방식이 잘못되었다고 할 수는 없는 것이다.

(4) 射字의 例

이 문자는 朴瑄壽가 제시한 金文과 甲骨文의 字形이 일치하는 좋은 예가 된다. 『翼徵』에서 제시한 射字의 金文은 ·· 등인데, 甲骨文에서도 ·· 등이어서 글자의 구조적 형태가 일치하고 있음을 알 수 있다. 그리고 甲骨文의 해설에서 '활을 당겨 화살을 먹인 형태를 상형한 것으로 쏜다는 의미를 갖게 되었다.……說文에서 身을 따랐다고 하는 것은 의 형태를 잘못 안 것이다'고 함으로써[13] 射字를 身과 寸의 결합으로 이해했던 許愼의 오류를 수정하였다.

13) 徐中舒. **甲骨文字典**. 中國, 四川辭書出版社, 1988. p. 582.
(象張弓注矢之形以會射義……說文謂以身乃 形之)

(5) 祖字의 例

祖字에 대한 해설은 앞에서도 언급한 것처럼 朴瑄壽가 許愼의 해설을 수정한 것 중에서도 수정의 당위성과 필요성을 강조한 예이다. 許愼은 示와 且가 결합하여 祖가 되었다고 해설하였으나 朴瑄壽는 살아있는 할아버지에 神格을 뜻하는 示字를 쓰는 것도 부인했으며, 祖와 같은 존경의 대상에게 어조사인 且를 쓴다는 사실도 인정하지 않았다. 朴瑄壽가 祖의 金文으로 제시한 글자는 였으며 실제로는 [illegible] 字를 대상으로 해설하였다. 甲骨文에서의 祖字는 [illegible]·[illegible]·[illegible]·[illegible] 등이어서 金文과 거의 흡사하다. 그러나 이 문자에 대한 해설에서는 일치하지 않는다. 徐中舒는 [illegible]가 祭器위에 祭物, 특히 고기를 가득 담아 놓은 것이라고 해설했으며, 祖의 의미로 쓰인 것은 假借라고 주장하여 朴瑄壽의 해설과는 다르다. 이것은 각 문자학자들이 문자에 대한 독자적인 견해를 피력하는 것이므로 진위를 가리기는 어려운 것이다. 다만 朴瑄壽가 제시한 金文의 글자가 甲骨文에 같은 字形으로 쓰였음을 확인하는 것이 중요한 것이다.

(6) 春字의 例

이 글자는 金文에 보이지 않으나 朴瑄壽가 여러 가지를 살펴본 결과 古代에 春字를 반드시 [illegible]라 썼을 것이라고 추정했던 특별한 예이다. 許愼은 春字를 萅이라고 했으며 이 글자를 바탕으로 해설했다. 甲骨文에서 春字의 古形을 살펴보면 [illegible]·[illegible]·[illegible] 등이어서 朴瑄壽가 추정한 글자체와 거의 동일한 사실을 알 수 있다.

2) 金文과 甲骨文이 다른 경우

(1) 易字의 例

許愼은 易字가 도마뱀의 일종이라고 생각했으며, 日과 月이 합해져 易이 되었다는 주장과 易이 勿을 따랐다는 주장을 덧붙여 놓았다. 그러나 朴瑄壽는 이에 대해 반대의견을 제시하였다. 도마뱀을 뜻하는 [古字]과 易은 비슷할 뿐 전혀 다른 문자이고, 日과 月이 합해졌다는 주장도 月字는 [古字]라고 쓰지 않고 [古字]이라 쓰며, 勿字는 [古字]라고 쓰지 [古字]라고 쓰지 않는다는 것이 朴瑄壽의 주장이었다. 이때 그가 증거로 제시한 金文은 [古字]이었다. 그러나 현재까지 발견된 易字에 대한 甲骨文은 [古字]·[古字]·[古字] 등이어서 金文과는 다른 모습을 보여준다. 그리고 易에 대한 다음의 해설은 주목할만하다.

> 이 글자는 원래 [古字]였는데, 이는 두개의 술잔이 서로 기울여 술을 주고받는 모양을 상형한 것이다. 그러므로 준다는 뜻을 갖게 되었고 확대되어 바뀐다는 뜻이 되었다. 뒤에 생략되어 [古字]이 되었는데 이는 [古字]의 한 부분을 잘라 취하여 이루어진 것이다. 金文에 [古字]이라 쓰고 간혹 생략하여 [古字]·[古字]등의 형태로 쓰기도 하는데 의미는 甲骨文과 대략 같다. 經傳에 錫이나 賜라고 쓰는 것은 모두 뒤에 생긴 字이다. 說文』에서 설명한 형태와 뜻은 모두 확실하지 않다.[14)]

朴瑄壽도 易이 簡易라고 할 때의 易와 變易라고 할 때의 易이 있다고는 하였으나 이 글자가 두 술잔이 서로 기울어져 술을 따르는 형태를 상형한 것이고 이로 인해 주다, 바뀌다 등의 의미가 생성되

---

14) 徐中舒. **甲骨文字典**. 中國, 四川辭書出版社, 1988. p. 1063.
(原字爲[古字]象酒器相傾注承受之形 故會賜與之義 引申之而有更易之義 後省爲[古字] 乃截取[古字]之部份而成 金文作[古字] 或省作[古字][古字]形 義皆甲骨文略同 經傳作錫賜 皆後其字……說文所說形義皆不確)

었다는 말은 하지 못했다. 후대 甲骨文에서 보이는 字가 과 비슷한 모양을 갖고 있지만 朴瑄壽는 이 글자가 이와 비슷한 다른 金文을 제시하지도 않았다. 그가 金文으로 제시한 것은 易字가 아니고 字였다. 字의 오른쪽 부분이 易이므로 이를 바탕으로 해설한 것이다. 따라서 許愼의 해설이 잘못되었다는 사실만을 확정했을 뿐이며 글자의 뜻과 생성원리는 해결하지 못했던 것이다.

(2) 大字의 例

이 大字는 金文을 깊이 고찰하여 여기에서 얻은 결과로 문자해설의 기준으로 삼았던 朴瑄壽의 문자해설 방식을 잘 보여주는 예라고 생각된다. 그리고 이 글자는 天字의 해설과도 연결되어 있다. 『翼徵』에서 天字를 해설하면서 朴瑄壽는 大와 太의 金文이 각각 와 이므로 이 두 글자는 서로 다른 글자라고 주장하였다. 許愼은 天字가 一과 大의 결합이라고 말했으나 朴瑄壽는 이런 관점을 바탕으로 一과 太의 결합이라고 해설하였다. 大字에 대한 그의 설명은 다음과 같다.

> 크고 작다고 할 때의 大와 크고 심하다고 할 때의 太는 모두 金文에 보인다. 갈려나간 획이 넓게 퍼진 는 大이고 갈려나간 획이 봉긋하게 솟아오른 는 太이다. 그런데 이것이 經典에 大와 太의 구별이 없었으므로 太廟·太子·太甚·太康의 太가 大字로 통용되었다.[15]

朴瑄壽의 주장은 大와 太는 통용되어 사용했을 뿐이지 원래 서로 다른 글자라는 것이다. 그가 제시한 大字의 金文은 ·· 등이며 天字의 金文은 ·· 등이다. 朴瑄壽의 이러한 주장은 金文의 작

15) 朴瑄壽. **文解字翼徵**. 卷 10.
(大小之大 太甚之太 俱見於金銘 岐劃闊推作 爲大 岐劃兀立作 者爲太 此所以經典之大太無別 如太廟太子太甚太康之太通作大者也)

은 차이까지 철저히 분석한 결과로 보인다. 그러나 甲骨文에서는 이보다 더 많은 字形이 보이며 해설도 다르다.

> (大字의 甲骨文은) 사람이 바르게 서 있는 모습을 상형한 것으로, 이의 모습을 상형한 (子)字와 상대되는 글자이다. 그 본래 뜻은 大人이었는데 확대되어 무릇 큰 것을 말하게 되었으며, 小와 상대되는 글자가 되었다. 대부분 머리모양을 생략하여 라고 쓰는데 金文의 篆文에서의 大字가 이것을 본뜬 것이다. 머리부분을 생략하지 않은 것은 머리모양을 쓴 것이 서로 다른데, 어떤 글자는(머리부분) 비어 놓아 · 등으로 쓰기도 하며, 어떤 글자는 둥근점으로 메워서 라 쓰기도 하고, 어떤 글자는 한 두 획으로 표시하여 · · 등으로 쓰기도하며, 간혹 을 써서 라 쓰기도 한다. · · · 등의 모양은 후세에 天字가 이를 본뜨게 되었고, 는 후세에 夫字가 이를 본뜨게 되었다. 卜辭 중에는 한결같이 大字로 썼다.16)

甲骨文에서 확인할 수 있는 大字는 · · · · · 등 약 20여자나 된다. 그리고 글자의 모습도 다양하여 天과 夫, 大가 근본적으로 같은 글자였음을 알 수 있다. 더욱 중요한 사실은 甲骨文에서 大와 太를 구분하지 않고 大로 통용했다는 점이다. 朴瑄壽가 주장한 대로 와 을 구분하지 않았다. 甲骨文에서 大字가 쓰인 用例는 9가지가 있다. 그 중에서 朴瑄壽의 주장대로 太로 사용된 것은 大宗·大庚·大室 등의 예에 국한되며 나머지는 거의 大로 쓰였다. 그리고 와 를 구분할 수 있을 만큼 글자의 형태가 다르지 않으며,

---

16) 徐中舒. 甲骨文字典. 中國, 四川辭書出版社, 1988. p. 1138.
(象人正立之形 與象幼兒形之 相對 其本義爲大人 引伸之爲丸太稱而與小相對 多省略頭形而作 是爲金文及說文篆文大字所本 頭形不省者 其頭形筆劃互異 或作虛框如 或塡實作圓點如 或作一二短劃如 間亦有作 者如 等形爲後世天字所本 爲後世夫字所本 在卜辭中則均爲大字)

대부분 大의 모양을 지니고 있다.

이와 같이 朴瑄壽가 제시한 金文과 甲骨文이 일치하지 않는 경우도 없지 않다. 그러나 완전히 다른 글자를 바탕으로 문자해설을 시도했다고 할 수는 없는 일이다. 易字의 경우는 金文에 다양한 字形이 나타나 있지 않았기 때문에 朴瑄壽가 惕字를 인용하여 설명했을 정도이며, 大字의 경우도 朴瑄壽가 유물에서 확인할 수 있던 글자가 제한되었기 때문에 글자의 작은 차이까지 확대 해석하여 大와 太를 구분할 정도까지 이르는 것으로 보인다.

이상에서 朴瑄壽가 문자해설의 典據로 삼았던 金文을 甲骨文과 비교해 본 바 金文과 甲骨文의 字形이 일치하는 경우와 일치하지 않는 경우로 크게 구분되었다. 이중에서 金文과 甲骨文의 字形이 일치하는 경우는 朴瑄壽가 許愼의 오류를 수정 보완하기 위해 金文을 참고하여 전개한 문자해설 방식이 타당했다는 증거로 삼을 수 있다.

金文에 있는 글자를 상고하여 許愼의 오류를 추정하는 것은 의미 있는 일이지만, 이에 활용한 金文의 형세가 漢字의 祖形인 甲骨文과 일치한다는 사실은 그만큼 朴瑄壽의 문자해설 방식이 합리적이고 타당하다는 의미가 된다. 그리고 이것은 朴瑄壽가 考證學者로서의 자세를 잃지 않고 있었다는 것을 입증하며, 그의 실증적 방법론이 정확했음을 의미하기도 한다.

그러나 金文과 甲骨文의 字形이 서로 다른 경우는 문제가 야기된다. 그 이유는 甲骨文이 金文보다 先行文字였기 때문에 金文을 중심으로 문자를 해설했으나 甲骨文에서 해당 글자가 다른 字體를 갖고 있다면 논리전개의 오류에 빠질 수도 있기 때문이다. 朴瑄壽가 이런 문제를 갖게 된 이유를 그가 접할 수 있었던 靑銅器 유물이나 金文의 숫자가 적었다는 점이다. 吳大澂이 『古補』에서 제시한 金文이 4,775字였으나 『翼徵』에서는 1,351字에 지나지 않는 사실이 실상을 잘 보여주고 있다. 따라서 한정된 金文만을 가지고 고찰하는 과정에서 글자의 미묘한 차이까지 지나치게 확대 해석하게 되었는데 大와 太 즉 大와 太의 例에서 잘 알 수 있다. 朴瑄壽는 글자가 다른 것이라고 주장했으나 실제 갑골문에서 동일한 글자로 증명된 이상 朴瑄壽의 해설이 잘못되었다는 점은 인정해야 한다.

이처럼 甲骨文으로 朴瑄壽의 문자해설방식을 검토해 본 결과 옳고 그름을 알 수 있게 되었다. 甲骨文과의 비교를 통해서도 朴瑄壽의 문자해설이론이 합리적이고 증거가 충분히 제시된 것을 알 수 있다. 그러나 金文의 부족으로 야기된 문자해설상의 잘못도 발견되었으므로 이는 정확하게 지적해야 할 사항이다. 다만 분명한 것은 앞에서 해설한 문자들을 대상으로 갑골문과 비교해 본 결과 易字와 大字만을 제외하고는 그가 증거로 제시한 金文과 甲骨文이 동일한 字體를 갖고 있음을 확인할 수 있었다. 그리고 일치하지 않는 경우도 자료의 부족으로 인해서 발생한 착오로 이해되며, 朴瑄壽가 자의적으로 해석하거나 근거없는 주장을 전개한 것은 아닌 것으로 판단된다.

Ⅶ. 『說文解字翼徵』의 學術的 價値

A. 『說文解字翼徵』의 文字解字上의 特徵

지금까지 『說文』, 『說注』, 『古補』 등과의 비교를 통하여 『翼徵』의 구성과 문자해설방식을 고찰해 보았다. 그리고 朴瑄壽의 문자해설방식이 갖는 타당성을 검토하기 위하여 甲骨文과 비교하였다. 이 비교의 결과는 곧 『翼徵』이 갖는 특징이라고 할 수 있다.

1) 典據에 의한 考證

朴瑄壽는 說文學者이며 考證學者이다. 그는 『翼徵』에서 考證學의 가장 중요한 방법론인 考證과 典據의 활용에 철저한 모습을 보여 주었다. 그는 자신이 확인할 수 있었던 金文의 모든 글자를 그려 놓음으로써 글자의 형성과정을 보여주어 자신의 이론을 전개하는데 있어서 방증 자료로 삼았다. 예를 들면 君字와 같은 경우 ·· · · · 등을 예시함으로써 현재의 君字로 정착되는 과정을 여실히 보여주었다. 그리고 그는 金文이 새겨져 있는 청동기 유물의 실제 이름을 명시해 놓음으로써 그의 해설이 자의적인 것이 아니라 증거에 의지한 것임을 밝혀놓았다.

朴瑄壽가 金文만을 상고하여 문자해설을 전개한 것은 아니다. 그는 金文을 증거로 제시하면서 經書와 史書, 字典類 등을 비롯하여 많은 전적을 참고 자료로 활용함으로써 보다 정확한 문자해설을 시도하고자 했던 면모를 보여주었다. 朴瑄壽의 문자해설 이론을 甲骨文을 통해서 검토해 본 결과 많은 부분에서 그가 제시한 金文과 甲骨文의 字形이 일치함으로써 그의 세밀한 고증이 합리적이었음이 증명되었다.

2) 文字解說의 獨自性

許愼의 문자해설방식에 대한 懷疑에서 출발한 朴瑄壽의 문자해설은 독자적인 체계를 수립할 정도로 발전되었다. 그가 金文을 중심으로 문자를 해설한 것도 의의 있지만, 金文에 나오지 않는 문자까지도 자신의 해설에 대해 확신이 서 있을 경우 許愼의 해설을 반박하여 새롭게 해설하였다. 金文에 해당 문자가 보이지 않을 경우에는 비슷한 형태의 글자나 부분적으로 같은 글자의 해설을 인용함으로써 자신의 해설을 전개했다. 만약 유물에 해당 글자가 보이지 않는다는 이유로 해설을 유보했다면 『翼徵』의 의의는 그만큼 축소되었을 것이며, 그의 학문적 영역도 제한되었을 것이다. 그러나 朴瑄壽는 이를 극복함으로써 자신의 해설을 독자적으로 주장하게 되었다.

朴瑄壽의 문자해설이 독자적이라는 점은 여러 가지 예에서 확인된다. 첫째로 許愼의 해설에 대한 수정을 들 수 있다. 이는 청대 설문학파도 마찬가지이지만, 朴瑄壽는 『翼徵』의 도처에서 許愼의 해설을 반박하거나 수정하였다. 文字學 분야에서 절대적 가치를 가진 것으로 인정되는 許愼의 해설을 이처럼 수정할 수 있는 것은 자신의 주장에 대한 확신이 없이는 불가능한 것이다. 이것은 그만큼 朴瑄壽의 문자해설이 독자적인 체계를 성립하고 있으며 합리적인 논리를 갖고 있음을 시사한다. 둘째, 許愼이 자신의 해설을 보충하기 위해 인용한 다른 사람들의 해설도, 그것이 잘못되었을 경우에 그들의 주장을 반아들이지 않았다. 심지어는 孔子의 말로 인용한 것도 인정하지 않았다. 이 때에는 孔子가 말한 것이 잘못되었다고 하지는 않고, 다만 '孔子가 그렇게 말할 리가 없다'라든지, '이것이 孔子의 말씀이 아니다'라는 완곡한 표현을 사용했다.

이처럼 朴瑄壽의 『翼徵』은 문자학 분야에서도 독자적인 해설방식을 갖고 있는 의의 있는 저술로 인정되어야 할 것이다.

B. 『說文解字翼徵』의 限界

『翼徵』은 朴瑄壽의 필생의 노력이 담긴 著述이지만, 몇 가지의 한계를 극복하지 못한 것도 사실이다. 이 한계는 어쩔 수 없이 생긴 것도 있으며 朴瑄壽의 자세에서 발생한 것도 있다. 한계를 지적하는 것은 연구대상의 정당한 평가를 위하여 필요한 방법이다.

1) 『說文解字』의 構成 踏襲

朴瑄壽는 『說文』의 위대성을 크게 인정하고 있었으며 그가 『翼徵』을 저술하게 된 근본적 이유도 설문해자의 오류를 수정하고 보완하기 위하여 시작된 것이다. 이런 이유로 하여 朴瑄壽는 많은 글자에 대해 자신의 독자적인 해설을 시도했지만 궁극적으로는 설문의 체제 전체를 수정하는 획기적인 업적으로 발전시키지는 못했다. 이것은 중국의 설문학자들도 일반적으로 갖고 있는 한계이지만 朴瑄壽의 경우, 특히 고대의 한자에 대한 철저한 고증을 바탕으로 자신의 해설을 전개시켰던 바에는 『說文』의 체제까지 바로 잡는 중요한 저술로 격상시킬 수도 있었을 것이다. 그러나 朴瑄壽는 이를 극복하지 못했다. 그 이유는 첫째, 許愼의 『說文』에 대한 지나친 존경심을 가졌음에서 비롯된 것이고, 둘째 자신이 金文에서 확인할 수 있었던 문자가 1,351자밖에 되지 않는 소량이었음으로 인하여 『說文』의 체제까지 바꾸는 혁신적인 저술로 완성되지는 못했던 것으로 보인다.

2) 參考한 金文의 不足

『翼徵』은 朴瑄壽가 구할 수 있는 최대한의 金文을 바탕으로 문자를 해설하였으나 참고한 金文이 부족한 상태였음도 한계의 하나로 지적될 수 있다. 이것도 조선이라는 지역적 제한으로 인해 발생한 것이지만 청대 설문학자들이 제시한 많은 분량의 金文과는 차이가 난다. 앞에서도 보았듯이 吳大澂의 『古補』에서 제시한 金文의 숫자가 4,775字인데 반하여 『翼徵』에서는 1,351字밖에 되지 않는다. 이로 인해 문자해설이 제대로 이루어지지 않았다고 볼 수는 없지만 많은 金文을 접하였더라면 보다 자세한 논의가 이루어질 수 있었을 것이다.

3) 儒學者的 思考方式의 固守

許愼의 한계를 지적할 때도 그가 봉건주의적 사고방식을 갖고 있다는 점이 언급되었듯이, 朴瑄壽도 儒學者의 사고방식을 갖고 있었으므로 인하여 문자해설에 있어서 간혹 잘못된 견해를 보여준다. 대표적인 例로 祖를 해설하면서 지극한 존경의 대상인 할아버지라는 글자가 어조사인 且에서 유래한다는 것은 있을 수 없다고 한 것을 들 수 있다. 사실 祖字가 且에서 유래한 것이 아니고 [illegible]에서 유래한 것임은 확인되었다. 그러나 이와 같은 지나친 유학자적 입장은 바람직하지 못한 것이다. 朴瑄壽는 天字를 해설하면서도 만물의 어버이인 天이 스스로 독립된 부수를 이루어야 한다고 주장하였다. 이는 그의 지나친 해설이 아닐 수 없다. 甲骨文의 例에서도 확인했듯이 天字는 大의 古文 [illegible]·[illegible]에서 유래된 글자이다. 그러나 朴瑄壽는 유학자로서 절대적 가치와 만물의 근원인 天字가 文이 아니고 字라는 사실을 인정할 수 없었던 것이다. 이러한 한계는 문자해설에 있어서 정당한 관점을 가로막는 제한적 요소인 것이다.

4) 甲骨文 發見 以前의 硏究

朴瑄壽가 생존하던 당시에는 가장 오래된 형태의 한자가 金文이었지만, 1898년 후반에 甲骨文이 발견됨으로써 문자학 전체에 커다란 변동이 발생되었다. 甲骨文은 현재 사용하고 있는 漢字의 最古形으로서 이전의 그림문자나 原始文字의 형태를 벗어버리고 漢字의 기본적 字體를 갖춘 古代漢字이다. 따라서 甲骨文은 金文보다 이전에 상요되었던 漢字였던 것이다. 朴瑄壽는 이 甲骨文을 보지 못한 채『翼徵』을 저술할 수밖에 없었다. 물론 이것은 朴瑄壽가 甲骨文 발견과 정리 이전에 별세하였기 때문에 생긴 어쩔 수 없는 일이지만, 漢字의 起源과 형성과정에 대하여 金文이 最古의 형태임을 믿고 그것을 기준으로 문자해설을 시도했던 朴瑄壽의 해설은 재검증 될 가능성이 생기는 것이다. 그러므로 朴瑄壽가 甲骨文을 보지 못한 채 저술을 마쳤다는 것은 불가피한 일이었다.

C. 『說文解字翼徵』의 價値와 意義

1) 唯一한 朝鮮 說文學 著述

『翼徵』이 이러한 구성과 체제를 갖추고 『說文』의 오류를 수정 보완했다는 것은 의의 있는 일이다. 이 저술이 중국의 설문학자에 의해서 이루어졌다 하더라도 그것은 분명 큰 업적임이 사실이지만, 그것이 당시 考證學的 狀況에서 볼 때 학문적으로 중국에 비해 좋은 환경이 아닌 조선의 학자에 의해서 완성되었다는 것은 대단히 주목할 만한 일이다. 앞에서 『古補』와의 비교에서도 살펴보았듯이 『翼徵』은 說文學이 왕성하던 시대에 이루어진 저술이다. 그러나 청대의 다른 저술들과 비교해 보아도 거의 부족한 점이 없다는 것은 『翼徵』이 문자학적으로 수준 있는 저술이라는 점을 증명하는 것이다. 그리고 『翼徵』의 초고를 보고 청대의 설문학자들이 경탄했다는 사실도 이런 관점에서 의의 있는 사건이다. 『翼徵』이 朴瑄壽라는 학자에 의해서 저술되었다는 것은 그만큼 조선의 학문수준이 당시의 중국과 대등한 수준을 유지하고 있었음을 의미하는 것이다. 이것이 『翼徵』이 갖는 최고의 가치이자 의의인 것이다.

2) 金文에 의한 文字解說

金文에 대해서 일부의 說文學者들이 관심을 갖고 있었으나 說文學 분야에서 가장 주목받는 段玉裁의 『說注』조차도 金文에 대해서는 크게 관심을 갖지 않았던 것이 학계의 실정이었다. 그런데 朴瑄壽가 金文을 전거로 활용함으로써 정확한 근거를 제시할 수 있었다는 점에서 說文學 고증에 적절한 방법론을 제시하였다. 朴瑄壽는 근본적으로 大篆에서 小篆으로 문자가 바뀌는 과정에서의 생략과 축약으로 인하여 글자체가 현격하게 변하였음에도 불구하고 許愼이 그 小篆을 대상으로 문자해설을 시도했다는 점에 대하여 회의를 품었으며 이를 극복하고자 금문을 근거로 고대의 한자를 대상으로 문자해설을 시도함으로써 문자의 기원과 형성과정에 대하여 정확하게 추론할 수 있었다. 이것은 완벽한 고증을 바탕으로 하는 고증학적 방법론의 산물이었다. 그리고 『翼徵』과 마찬가지로 鍾鼎文을 문자해설의 근거로 삼았던 吳大澄의 『古補』에서는 鍾鼎文을 제시하는 선에서 그쳤으나 朴瑄壽는 이에 머물지 않고 자신의 생각에 확신을 가지고 새로운 문자해설을 전개하였으니 이런 점이 朴瑄壽의 『翼徵』이 갖는 진정한 가치인 것이다.

3) 實證的 方法을 통한 『說文解字』의 誤謬 修正

『翼徵』의 저술동기가 『說文』의 오류를 수정·보완하기 위한 것이며, 이것이 저술의 근본 목적이라는 것은 여러 번 언급하였다. 朴瑄壽는 許愼을 문자학 분야의 위대한 학자로 인정하고 그의 『說文』을 존중하였지만, 『說文』에서 발견되는 해설상의 오류를 묵과할 수 없었다. 이는 학자적 양심으로 이해할 수 있다. 따라서 그는 金文의 다양한 字形을 중심으로 許愼의 해설을 수정한 것이다. 朴瑄壽는 이때 전형적인 고증학적 방법론을 사용하여 성과를 거둘 수 있었다. 고증학적 방법론이란 문헌이나 유물 등의 자료를 철저히 분석하고 증명하여 하나의 결론을 도출하는 것을 말하며, 이때 필수적으로 증거를 제시하는 것이다. 따라서 해설의 전개가 실증적이며 도출된 결론이 합리적이고 타당하게 되는 것이 고증학적 방법론의 특징이다. 朴瑄壽는 『翼徵』에서 이러한 방법론을 잘 지켜나갔던 것이다.

『翼徵』의 가치와 의의 중에서 실상 주가 되는 것은 『說文』의 오류를 지적하고 그것을 발전적으로 수정 보완했다는 점이다. 『說文』과 『翼徵』은 시대적으로 1800여 년의 차이가 나지만 박선수가 『說文』의 오류를 수정하고자 이런 가치 있는 저술을 완성해 놓음으로써 이 두 저술 간의 거리는 완전히 해소되었다. 이처럼 오랜 시간적 거리를 뛰어 넘는 저술의 출현으로 『說文』의 중요성과 가치가 다시금 새롭게 재조명되었다는 사실도 『翼徵』의 또 다른 의의인 것이다.

Ⅷ. 結　論

본 논문은 朝鮮後期 考證學者인 朴瑄壽의 『說文解字翼徵』을 대상으로 하여 이 저술의 편찬 및 구성과 체제, 그리고 문자해설 방식을 고찰하고 許愼의 『說文解字』와 淸代의 주요 說文學 저술과 비교하여 『翼徵』의 특징을 살피고, 아울러 甲骨文과 비교하여 『翼徵』에 나타난 朴瑄壽의 논의의 타당성을 검토한 바, 본 연구를 통해 밝혀진 내용을 요약하면 다음과 같다.

1. 『說文解字翼徵』의 著者인 溫齋 朴瑄壽(1823~1899)는 조선 후기의 학자로서 燕巖 朴趾源이 그의 조부이며 조선 후기의 개화파의 정신적 지주로 일컬어지는 朴珪壽가 그의 형이다. 朴瑄壽는 이러한 실학적인 배경 아래에서 평생 동안 연구에 몰두하였다. 『說文解字翼徵』은 그의 오랜 文字學 연구의 결실이었다.

『說文解字翼徵』의 저술에 있어서 주목되는 또 하나의 인물은 翠堂 金晩植이다. 金晩植은 朴瑄壽의 5촌 조카이며, 저술의 처음부터 끝까지 관여하면서 朴瑄壽를 도와주고, 직접 교열하였다. 『說文解字翼徵』에 보이는 頭註는 金晩植이 교열하면서 얻은 사실을 기록해 놓은 것으로 보인다.

2. 『說文解字翼徵』이 저작된 동기는 朴瑄壽가 밝히고 있는 바와 같이 『說文解字』가 갖고 있는 오류를 수정 보완하기 위한 것이었다. 그는 많은 부분에서 새로운 고증과 자신의 독자적인 해설을 시도했는데 그것들은 모두 『說文解字』를 보다 훌륭한 저서로 완성시키기 위한 생각에서 비롯된 것이다.

3. 『說文解字翼徵』은 문자해설 순서에 있어서 14卷 540部로 그대

로 따르고 있다. 다만 설문해자에 수록된 9,353字 가운데 金文 등에서 발견된 1,351字만을 대상으로 하였다. 『說文解字翼徵』과 『說文解字』는 문자해설 방식 및 내용에 있어서 차이가 있다. 이 차이가 발생한 이유는 두 저술이 고찰의 대상으로 삼은 문자에 기인한다. 許愼은 小篆을 대상으로 삼은 반면 朴瑄壽는 小篆 이전의 문자인 古代漢字를 대상으로 삼아 許愼의 해설의 오류를 수정하여 발전적으로 보완할 수 있었다.

4. 설문학 분야의 저술 중에서 가장 주목되는 段玉裁의 『說文解字注』는 許愼의 해설을 대부분 수용하면서 그것을 주석하는 데 역점을 두었으므로 朴瑄壽의 문자해설과는 차이가 있다. 許愼과 마찬가지로 段玉裁도 小篆 이전의 古代 漢字에 대해서는 크게 관심을 갖지 않았기 때문이다. 설문학자 중 고대 한자에 대하여 크게 관심을 갖고 주목할 만한 저술을 이룩해 놓은 사람은 吳大澄이고, 그의 저술은 『說文古籀補』이다. 여러 면에서 吳大澄과 朴瑄壽는 서로 비교되며 둘 사이의 저술도 비교된다. 그러나 吳大澄은 『說文解字』의 해설을 수정하는 데 중점을 두었다기 보다 『說文解字』에서 해설한 문자들 중에서 확인할 수 있는 古代 漢字를 모두 수록해 놓음으로써 저술을 완성하는 데 목적이 있었으므로 상대적으로 각각의 문자에 대하여 독자적인 해설을 시도하는 데는 미흡했다. 그러나 朴瑄壽는 비록 근거로 제시한 문자의 수가 吳大澄의 그것 보다는 적지만 신빙할 수 있는 자료를 바탕으로 깊이 연구하여 독자적인 문자해설 방식을 바탕으로 새로운 해설을 전개했다는 점에서 보다 발전적인 면모를 갖고 있다고 할 수 있다.

5. 朴瑄壽는 許愼같은 大學者가 오류를 범하게 된 것이 殷·周代에 제작된 청동기 유물에 새겨진 古代漢字를 미처 볼 수 없었으며 小篆만을 대상으로 삼아 문자를 해설했기 때문이라고 생각했다. 따라서 金文을 집중적으로 상고하면 許愼의 오류를 수정·보완할 수 있다고 믿었다. 그는 이런 믿음을 바탕으로 金文을 중심으로 독자적

인 문자해설을 시도하여 결국 성공했던 것이다. 그리고 金文에 나타나지 않는 글자라 하더라도 자신의 견해에 확신이 서 있을 경우에는 유사한 문자나 典籍등의 자료를 인용하여 해설을 展開하였다.

6. 朴瑄壽의 문자해설은 甲骨文과 비교 검토하는 과정에서 타당성을 확인할 수 있었다. 朴瑄壽가 제시한 金文의 字形과 甲骨文의 字形이 동일한 형태를 갖고 있다는 사실은 그의 주장이 정당하다는 증거로 삼을 수 있는 것이다. 그러나 일부 문자의 경우 서로 다른 字形이 나타날 때도 있는데 이는 朴瑄壽가 접했던 金文이 부족한 상태에서 지나치게 확대 해석하는 가운데 발생한 것으로 보인다.

7. 『說文解字翼徵』은 다음과 같은 몇 가지 측면에서 중요한 가치와 의의를 갖는다. 첫째, 이 저술이 조선후기의 학자에 의해 완성되었다는 점에서 의의가 크다. 당시 자료수집 등에서 열세에 있었던 조선조에서 이처럼 체계적이고 수준 높은 저술이 이루어진 것은 주목할 만하다.

둘째, 金文에 의한 문자 해설을 시도했다는 점이다. 大篆에서 小篆으로 漢字가 바뀌는 과정에서의 생략과 축약으로 小篆에 이르러서는 漢字의 원래 모습을 많이 잃었는데, 허신이 小篆을 대상으로 문자해설을 시도하였으므로 적지 않은 오류가 발생하게 되었던 것이다. 중국의 설문학자들도 초기에는 金文에 대하여 관심을 갖지 않았는데, 朴瑄壽는 金文을 근거로 하여 문자를 새로이 고증하고 혹은 독자적인 행적을 가하여 상당한 성과를 거둘 수 있었다.

셋째, 실제적인 고증을 통해서 『說文解字』의 오류를 수정하고자 시도했다는 점이다. 『說文解字』의 오류를 수정한 저술은 더러 있지만 『說文解字翼徵』처럼 보충하여 해설(翼)하고, 또 증거를 제시(徵)한다는 뚜렷한 목적을 가진 저술은 많지 않다. 유명한 段玉裁의 저술도 책명 그대로 『說文解字』를 注釋한 것이다. 朴瑄壽는 이 저술에서 許愼의 오류를 수정하고 보완하겠다는 목적을 견지하였다. 이처럼 문자학 분야에서 최고의 저술로 공인되는 『說文解字』를 대상으로 그것의 잘못을 지적하고, 발전적으로 보완한 것이 이 저술의 주요한 의의인 것이다. 그리고 고증학자답게 증거제시를 하고 철저한 분석과 정리, 합리적 추론 등은 이 저술의 또 다른 가치를 보여준다.

8. 『說文解字翼徵』은 몇 가지의 한계를 안고 있다. 그 중 하나는 朴瑄壽가 甲骨文을 보지 못했다는 점이다. 甲骨文이 발견되고 학술적으로 정리된 것이 그의 사후에 일어난 일이므로 이는 어쩔 수 없는 일이었으나 문자의 형성과정과 의미정착과정을 고찰하는 문자학 연구자로서 현행한자의 祖形인 甲骨文을 보지 못한 것은 아쉽다. 다음으로는 許愼의 『說文解字』의 체재를 그대로 답습했다는 한계가 있다. 독자적인 형성원리를 세웠음에도 불구하고 『說文解字』의 체재와 구성 전체를 수정하는 저술로 발전시키지 못하고 만 것은 『說文解字翼徵』의 한 단면을 보여준다. 그리고 유학자적 사고방식을 갖고 있음으로 인해 문자해설을 잘못한 경우도 있다.

參考文獻

姜在彦. **韓國의 開化思想**. 鄭昌烈 譯. 서울, 北峯出版社, 1984.

桂　馥. **說文解字桂氏義證**. 湖北, 崇文書局, 1970.

雇藎丞. **說文總公的 研究**. 臺灣, 文海出版社, 1972.

金祥恒. **續甲骨文編**. (발행소 불명) 1959.

金允植. **雲養集**. (年刊未詳)

段玉裁. **說文解字注**. 臺灣. 藝文印書館, 1966.

唐　蘭. **中國文字學**. 臺灣, 開明書局, 1964.

東洋文學會編. **槪觀 東洋史**. 서울, 知識産業社, 1983.

馬敍倫. **說文解字研究法**. 上海, 商務印書館, 1929.

朴瑄壽. **說文解字翼徵**. 서울, 光文社, 1912.

班　固. **漢書** "藝文志".(影印本) 台灣, 商務印書館, 刊年未祥.

潘重規. **中國文字學**. 台北, 東大島嶼公司印行, 1983.

福田襄之介. **中國字書史の 研究**. 東京, 明治書院, 1979.

傅樂成. **中國通史**. 台灣, 大中國圖書公司, 1979.

徐文鏡. **古籀彙編**. 臺灣, 商務印書館, 1960.

徐承慶. **說文解字往匡謬**. 上海(발행소 불명), 1989.

吳大澄. **說文古籀補**. 蘇州, 振新書社, 1884.

阮　元. **積古齋鍾鼎器款識**. 1804.

王　筠. **說文積例**. 上海, 積山書局, 1886.

王　筠. **御覽說文句讀**. 1865.

劉明鍾. **現代哲學史**. 서울, 以文出版社, 1989.

劉葉秋. **中國字典史略**. 台灣, 源流出版社, 1984.

劉元東. **韓國實學槪論**. 서울, 正音文化史, 1983.

柳正基. **說文字典**. 서울, 通文館, 1973.

陸宗達. **說文解字通論**. 金槿 譯. 大邱, 啓明大學校 出版部, 1986.
李敦柱. **漢字學總論**. 서울, 博英社, 1992.
李學勤. **古文字學 첫걸음**. 河永三 譯. 서울, 東文選, 1991.
林尹. **文字學 概說**. 台灣, 正中書局, 1971.
張運開. **說文古籒三補**. 上海, 商務印書館, 1933.
全海宗. **韓中關係史 硏究**. 서울, 一潮閣, 1982.
丁福保. **說文解字詁林**. 臺灣, 民國出版社, 1960.
朱駿聲. **說文通訓定聲**. 上海, 鴻文書局, 1888.
千寬宇. **韓國實學思想史**. 高麗大學校編. 韓國文化史大系 Ⅵ, 서울, 1970.
皮錫瑞. **中國經學史**. 李鴻鎭譯. 서울, 東和出版公社, 1984.
許　愼. **說文解字眞本**.(影印本) 서울, 現代社, 1982.

ABSTRACT

A Study of the Sulmunhaejaikjing

by Kim Soon Hee

This dissertation evaluates the *Sulmunhaejaikjing*, published in 1912, by Sun-Soo Park, an ideographic scholar of the late Korean Chosun Dynasty. This study first explores the compilation, structure and methodology of the Chinese written characters in *Sulmunhaejaikjing*. Second, it studies the *Sulmunhaejaikjing's* distinctive features by means of a comparison with *Sulmunhaeja* by Huh Shin as well as with some works of sulmunhak of the Chung Period in China Lastly, it examines the validity of Park's work through a comparison with *Kapkolmun.*

Since the motivation of writing of his work was to correct the errors of *Sulmu-nhaeja*, Sun-Soo Park attempted several independent interpretations. The interpretive structure of *Sulmunhaejaikjing* exactly follows the 15 Books and 540 Parts of *Sulmu-nahaeja*, but Park's work differs in interpretation methodology and content. *Sulmunheja-ikjing* selected only 1351 characters found in *Kummun(Chongjungmun)* out of 5,393 characters of *Sulmunhaeja*. While Huh Shin made Sojun characters the subject of the investigation, Sun-Soo Park corrected Huh Shin's errors by making the *Pre-Sojun,* older Chinese characters the object of his investigation.

Sulmunhaejaju by Tan Ok-Jae, the most distinguished work of spoken literature in the Chung period, adopted Huh Shin's interpretation and added notes, so that Tan Ok-Jze, like Huh Shin, did not take into account the *Pre-Sojun* old Chinese characters. Therefore, Sun-Soo Park's interpretation greatly differs from Tan Ok-Jae's.

Among the scholars of *Sulmunhak* in the Chung Dynasty, it is Oh Dae-Jing, the writer of *Sulmunkojubo*, that accomplished the most noticeable achievement in *Sulmu-nhaeja*, Oh Dae-Jing aimed to collect all the Chinese characters which were confirmable in the interpretation of *Sulmunhaeja*. Thus, Oh Dae-Jing, in a sense, neglected the independent interpretation of characters.

Sun-Soo Park, however, demonstrated a progressive character in basing his independent interpretation upon reliable resources, even though he offered fewer characters in number than did Oh Dae-Jing. The validity of Sun-Soo Park's character interpretation is cinfirmed by its comparison with *Kapkolmun*. Since the shape of *Ku-mmun* characters Sun-Soo Park used in his work and those of *Kapkolmun* characters are identified, most interpretations he made proved to be correct. Nevertheless, some characters he used show different shapes from *Kapkolmun*. This might be caused by the fact that with the limited number of *Kapkolmun* Sun-Soo Park stretched the meaning of the old Chinese characters too far.

Park's *Sulmunhaejaikjing* is an important text for several reasons. First, it was the only work of *Sulmunhak* written in the whole period of Chosun Dynasty. Second, this work interpreted characters excursively by means of *Kummun*, even though Chinese scholars of Sulmunhak, at that time, were not interested in

Kummun. But Sun-Soo Park made a great achievement using *Kummun* in his interpretation of characters. Third, Park's work corrected the errors of *Sulmunhaeja* through an empirical investigation. As is expected of a modern ideographic researcher, Park presented proofs, made thorough analysis, and drew rational inferences.

Sulmunhaejaikjing, however, does have several limitations. Since Park's work predates *Kapkolmun*, the archetype of present Chinese characters, his study of the process of character formation and semantics has been superceded. Another is that, though he developed an independent principle of character formation, he could not develop it into the work which could modify the whole system and structure of *Sulmunhaeja*. In addition, Sun-Soo Park made a few misinterpretations due to his Confucian perspectives.

附　錄

익징의 해설문자 일람표

卷次	部首		解說文字
一	1	一	一 元 天
	2	丄	丄 帝 旁 丅
	3	示	示 祿 祥 祀 祭 祖 祝
	4	三	
	5	王	王 皇
	6	玉	
	7	珏	
	8	气	气
	9	士	士
	10	丨	中
	11	屮	屮 屯 毒 [illegible]
	12	艸	藥 蘭 蘜 荷 蓮 蘿 苛 折 草 苦
	13	蓐	薅
	14	茻	茻 莽
二	15	小	小 少
	16	八	八 分 尒 曾 尚 介 公 必 余
	17	釆	番 寀 悉
	18	半	胖

卷次	部首		解說文字
	19	牛	牛 牽 犀 犧
	20	犛	犛
	21	告	告
	22	口	名 吾 君 命 唯 召 启 咸 唇 吉 周 唐 吝
			亭
	23	凵	凵
	24	吅	咢 嚴 單
	25	哭	哭 喪
	26	走	[illegible]
	27	止	止 歷 歬 歸 𣥂
	28	癶	登
	29	步	步 歲
	30	此	此
	31	正	正 乏
	32	是	是
	33	辵	邁 遴 遝 迕 通 還 遺 達 連 逋 遂 道
	34	彳	德 復 得 後 徲 得 御 亍
	35	廴	
	36	㢟	延

卷次	部首		解說文字
	56	言	[illegible]
	57	誩	譱 競
	58	音	章
	59	䇂	䇂 童 妾
	60	丵	對
	61	菐	菐 僕
	62	廾	弇 具
	63	𠬜	
	64	共	
	65	異	
	66	舁	舁 與 興
	67	臼	臼
	68	晨	晨 農
	69	爨	爨
	70	革	
	71	鬲	
	72	䰜	鬻
	73	爪	孚 爲
	74	丮	[illegible]

卷次	部首		解說文字
	75	鬥	
	76	又	
	77	ナ	
	78	史	
	79	支	
	80	聿	
	81	聿	
	82	畫	
	83	隶	
	84	臤	
	85	臣	
	86	殳	
	87	殺	
	88	几	
	89	寸	
	90	皮	
	91	㼱	
	92	攴	
	93	教	

卷次	部首		解說文字
	94	卜	貞
	95	用	用 甫 葡
	96	爻	爻
	97	㸚	㸚 爾 爽
四	98	𡕥	𡕥
	99	目	眔 相
	100	䀠	䀠
	101	眉	眉 省
	102	盾	
	103	自	自
	104	白	白 魯 者 𪞶 百
	105	鼻	
	106	皕	奭
	107	習	
	108	羽	翏
	109	隹	雇
	110	奞	奪 奮
	111	萑	萑 蒦 雚 舊

卷次	部首		解說文字
	112	𦫳	[illegible]
	113	苜	[illegible] [illegible]
	114	羊	[illegible] [illegible] [illegible] [illegible] [illegible] [illegible]
	115	羴	[illegible]
	116	瞿	[illegible]
	117	雔	[illegible]
	118	雥	[illegible]
	119	鳥	[illegible] [illegible] [illegible] [illegible] [illegible] [illegible]
	120	烏	[illegible]
	121	𠦒	[illegible]
	122	冓	[illegible]
	123	幺	[illegible]
	124	𢆶	[illegible] [illegible]
	125	叀	[illegible] [illegible]
	126	玄	[illegible]
	127	予	[illegible] [illegible]
	128	放	[illegible] [illegible]
	129	𠬪	[illegible] [illegible] [illegible] [illegible]
	130	𣦼	

卷次	部首		解說文字
	131	歺	[illegible]
	132	死	
	133	冎	
	134	骨	
	135	肉	[illegible]
	136	筋	[illegible]
	137	刀	[illegible]
	138	刃	
	139	㓞	
	140	丯	
	141	耒	
	142	角	[illegible]
五	143	竹	[illegible]
	144	箕	[illegible]
	145	丌	[illegible]
	146	左	
	147	工	[illegible]
	148	㠭	[illegible]
	149	巫	[illegible]

卷次	部首		解說文字
	150	甘	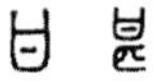
	151	曰	
	152	乃	
	153	丂	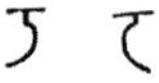
	154	可	
	155	兮	
	156	号	
	157	亏	
	158	旨	
	159	喜	
	160	壴	
	161	鼓	
	162	豈	
	163	豆	
	164	豊	
	165	豐	
	166	䖒	
	167	虍	
	168	虎	

部次	部首		解說文字
	169	虤	
	170	皿	益 盥
	171	凵	
	172	去	
	173	血	卹 衋
	174	丶	主
	175	丹	丹 彤
	176	靑	靜
	177	井	刱
	178	皀	即
	179	鬯	
	180	食	饌 飤 養
	181	亼	亼 合 僉 侖 今
	182	會	會
	183	倉	倉
	184	內	內 仝
	185	缶	
	186	矢	矯 矦
	187	高	高

卷次	部首		解 說 文 字
	188	冂	[illegible]
	189	𩫏	[illegible]
	190	京	
	191	亯	[illegible]
	192	㫗	[illegible]
	193	畐	[illegible]
	194	㐭	[illegible]
	195	嗇	[illegible]
	196	來	[illegible]
	197	麥	[illegible]
	198	夊	[illegible]
	199	舛	
	200	舜	
	201	韋	
	202	弟	[illegible]
	203	夂	[illegible]
	204	久	[illegible]
	205	桀	[illegible]
六	206	木	[illegible]

卷次	部首		解 說 文 字
			采 析 桀 休 極
	207	東	東
	208	林	林
	209	才	
	210	叒	叒
	211	之	之
	212	帀	帀
	213	出	出
	214	𣎵	𣎵 南
	215	生	生
	216	乇	
	217	𠂹	
	218	𠌶	
	219	華	華
	220	禾	
	221	稽	稽
	222	巢	巢
	223	桼	
	224	束	束 剌

卷次	部首		解說文字
	225	㯻	
	226	囗	
	227	員	
	228	貝	
	229	邑	
	230	𨛜	
七	231	日	
	232	旦	
	233	倝	
	234	㫃	
	235	冥	
	236	晶	
	237	月	
	238	有	
	239	朙	
	240	囧	
	241	夕	
	242	多	
	243	毌	

卷次	部首		解說文字
	244	马	
	245	𣐺	
	246	𠧪	𠧪 㮚 粟
	247	齊	齊
	248	朿	朿
	249	片	片
	250	鼎	鼎
	251	克	
	252	彔	
	253	禾	秀 穆 秌 秦
	254	秝	秝
	255	黍	
	256	香	香
	257	米	米
	258	毇	毇
	259	臼	臼 舀
	260	凶	凶
	261	朩	
	262	𣏟	𢿢

卷次	部首		解說文字
	263	𣏟	
	264	尗	尗
	265	耑	耑
	266	韭	
	267	瓜	
	268	瓠	瓠
	269	宀	室 向 寑 寍 宦 實 宂 寶 宰 守 定 宿 宕 宋 宗
	270	宮	宮
	271	呂	呂
	272	穴	[illegible]
	273	㝱	
	274	疒	𤻲
	275	冖	
	276	𠔼	𠔼 同
	277	冃	
	278	㒳	
	279	网	罾
	280	襾	

卷次	部首		解說文字
	281	巾	 [illegible] [illegible]
	282	巿	
	283	帛	[illegible]
	284	白	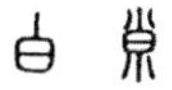 白 [illegible]
	285	㡀	[illegible]
	286	黹	[illegible]
八	287	人	 [illegible] [illegible] [illegible] [illegible] [illegible] [illegible] [illegible] [illegible] [illegible]
	288	匕	
	289	匕	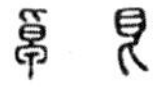 [illegible] [illegible]
	290	从	[illegible]
	291	比	
	292	北	
	293	丘	
	294	㐺	[illegible]
	295	壬	 [illegible] [illegible] [illegible]
	296	重	[illegible]
	297	臥	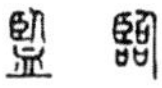 [illegible] [illegible]
	298	身	
	299	㐆	

卷次	部首		解說文字
	300	衣	[illegible] 卒 [illegible] [illegible]
	301	裘	[illegible]
	302	老	耆 壽 考 孝
	303	毛	
	304	毳	
	305	尸	居 屖
	306	尺	
	307	尾	
	308	履	
	309	舟	俞 朕 般 服
	310	方	
	311	儿	兀 兒 允 兌 充
	312	兄	兄 兢
	313	兂	兂
	314	皃	皃
	315	𠑹	𠑹
	316	先	先
	317	禿	禿
	318	見	見

卷次	部首		解說文字
	319	覞	
	320	欠	
	321	㱃	
	322	㳄	
	323	旡	
九	324	頁	
	325	𦣻	
	326	面	
	327	丏	
	328	首	
	329	県	
	330	須	
	331	彡	
	332	彣	
	333	文	
	334	髟	
	335	后	
	336	司	
	337	卮	

卷次	部首		解說文字
	338	卩	令 卲 卮
	339	印	印
	340	色	色
	341	卯	卯 卿
	342	辟	
	343	勹	旬 [illegible]
	344	包	包
	345	茍	茍 敬
	346	鬼	
	347	甶	甶
	348	厶	
	349	嵬	
	350	山	崔
	351	屾	
	352	屵	
	353	广	[illegible]
	354	厂	[illegible] [illegible]
	355	丸	
	356	危	

卷次	部首		解說文字
	357	石	石
	358	長	長
	359	勿	勿 昜
	360	冄	
	361	而	而
	362	豕	
	363	㣇	
	364	彑	
	365	豚	
	366	豸	[illegible]
	367	𤉡	
	368	易	易
	369	象	象
十	370	馬	
	371	廌	薦 灋
	372	鹿	
	373	麤	麤
	374	㲋	[illegible] [illegible]
	375	兔	兔

卷次	部首		解說文字
	376	萈	[illegible]
	377	犬	[illegible]
	378	犾	[illegible]
	379	鼠	
	380	能	[illegible]
	381	熊	[illegible]
	382	火	[illegible] [illegible]
	383	炎	[illegible]
	384	黑	
	385	囪	[illegible]
	386	焱	[illegible] [illegible]
	387	炙	
	388	赤	
	389	大	[illegible] [illegible] [illegible] [illegible] [illegible]
	390	亦	[illegible]
	391	夨	[illegible]
	392	夭	[illegible] [illegible] [illegible] [illegible]
	393	交	
	394	尣	

卷次	部首		解說文字
	395	壺	
	396	壹	
	397	㚔	[illegible]
	398	奢	
	399	亢	[illegible]
	400	夲	[illegible]
	401	夰	
	402	亣	[illegible]
	403	夫	
	404	立	[illegible]
	405	竝	[illegible]
	406	囟	[illegible]
	407	思	[illegible]
	408	心	[illegible]
	409	惢	[illegible]
十一	410	水	[illegible]
	411	沝	[illegible]
	412	瀕	[illegible]
	413	ㄑ	

卷次	部首		解說文字
	414	巜	
	415	川	[illegible]
	416	泉	
	417	灥	[illegible]
	418	永	
	419	𠂢	[illegible]
	420	谷	
	421	仌	[illegible]
	422	雨	[illegible]
	423	雲	[illegible]
	424	魚	[illegible]
	425	𩺰	[illegible]
	426	燕	
	427	龍	[illegible]
	428	飛	[illegible]
	429	非	[illegible]
	430	卂	[illegible]
十二	431	乚	[illegible]
	432	不	[illegible]

卷次	部首		解說文字
	433	至	[illegible] [illegible]
	434	西	[illegible]
	435	鹵	
	436	鹽	
	437	戶	[illegible]
	438	門	[illegible] [illegible]
	439	耳	聖 聽 聞
	440	匠	[illegible] [illegible]
	441	手	手 [illegible] 揚
	442	𠦬	
	443	女	[illegible] [illegible] [illegible] [illegible] [illegible] [illegible] [illegible] [illegible] [illegible] [illegible]
	444	毋	[illegible]
	445	民	
	446	丿	乂 弗 乀
	447	厂	[illegible] [illegible]
	448	乁	乁 也
	449	氏	氏 氒
	450	氐	
	451	戈	[illegible] [illegible] 或 [illegible] [illegible] [illegible] [illegible]

卷次	部首		解說文字
	452	戌	
	453	我	我 義
	454	亅	𠄌
	455	琴	
	456	乚	乚
	457	亡	亾
	458	匸	區 医 匹
	459	匚	匜
	460	曲	
	461	甾	
	462	瓦	
	463	弓	弘 彊 弛
	464	弜	弜 弼
	465	弦	弦
	466	系	孫
十三	467	糸	糸 絞 絕 繼 續 綫 縞 綏 組 緐
			[illegible] [illegible] [illegible]
	468	素	
	469	絲	絲

卷次	部首		解說文字
	470	率	率
	471	虫	雖 強 蜀
	472	䖵	
	473	蟲	
	474	風	風
	475	它	它
	476	龜	
	477	黽	黽 鼉 鼀 鼂
	478	卵	
	479	二	二 亟 恆 亘 凡
	480	土	地 堵 封 壞 圭
	481	垚	垚
	482	堇	艱
	483	里	釐
	484	田	畯 留
	485	畕	畕 畺
	486	黃	
	487	男	
	488	力	加

卷次	部首		解說文字
	489	劦	劦
十四	490	金	金 鑄 鋊 鍾 鑊
	491	幵	幵
	492	勺	勺
	493	几	処
	494	且	且
	495	斤	
	496	斗	斗
	497	矛	
	498	車	車 軒 較 載 軎 輦
	499	𠂤	𠂤 𡶒 官
	500	𨸏	𨸏 陵 陰 陽 陸 阿 陳
	501	𨺅	
	502	厽	厽
	503	四	四
	504	宁	宁
	505	叕	叕
	506	亞	亞
	507	五	

卷次	部首		解說文字
	508	六	
	509	七	
	510	九	九
	511	禸	[illegible] [illegible] [illegible]
	512	嘼	嘼
	513	甲	甲
	514	乙	[illegible]
	515	丙	
	516	丁	
	517	戊	成 [illegible]
	518	己	己
	519	巴	巴
	520	庚	
	521	辛	辜 辭
	522	辡	辡
	523	壬	
	524	癸	
	525	子	子 字 [illegible]
	526	了	了

卷次	部首		解說文字
	527	孨	
	528	𠫓	
	529	丑	丑
	530	寅	
	531	卯	卯
	532	辰	辰
	533	巳	巳 㠯
	534	午	
	535	未	
	536	申	
	537	酉	酉 酒 酎 配 酓
	538	酋	酋 尊
	539	戌	戌
	540	亥	亥

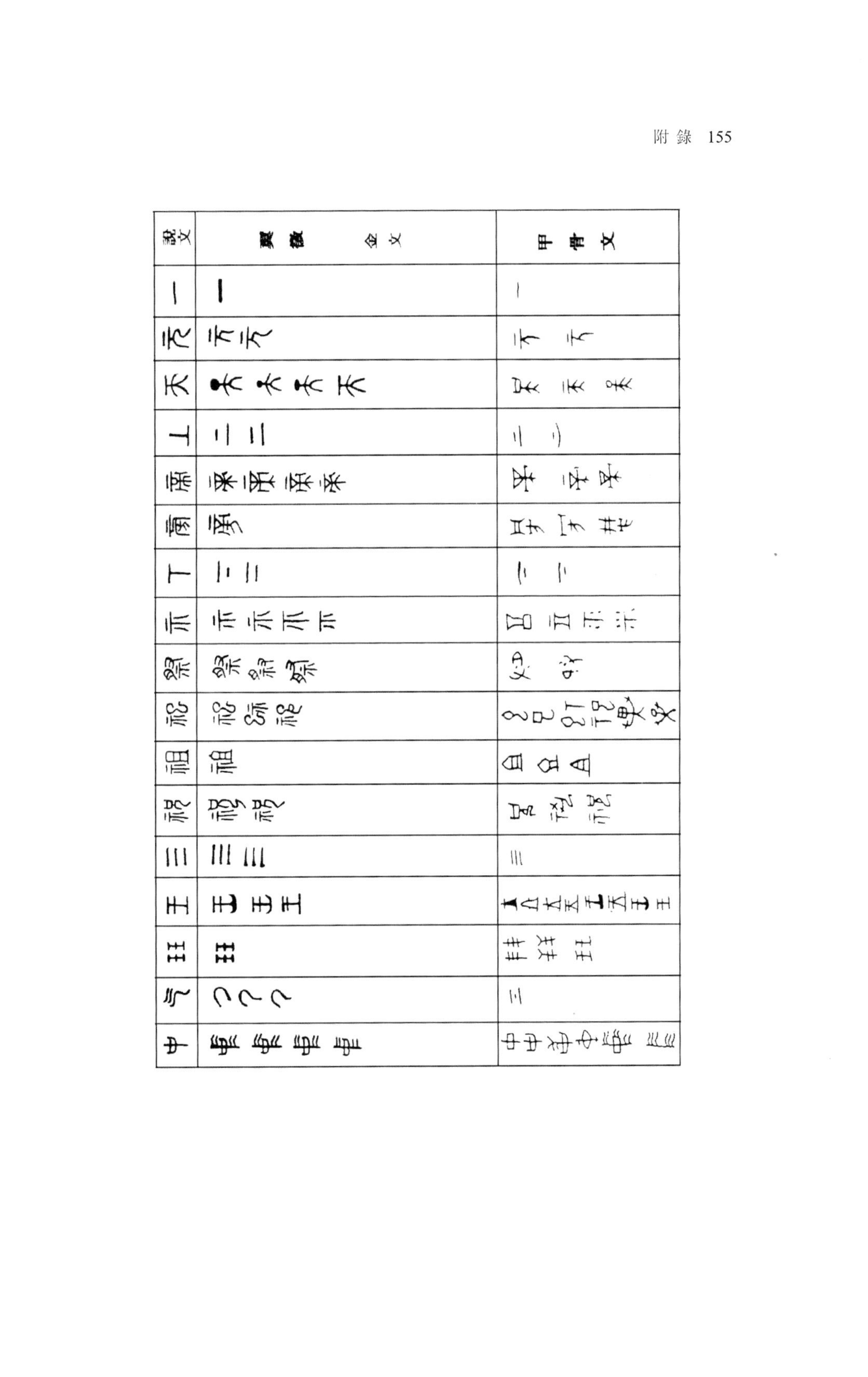

說文	篆籀 金文	甲骨文
一	[illegible]	[illegible]
元	[illegible]	[illegible]
天	[illegible]	[illegible]
上	[illegible]	[illegible]
帝	[illegible]	[illegible]
旁	[illegible]	[illegible]
下	[illegible]	[illegible]
示	[illegible]	[illegible]
祭	[illegible]	[illegible]
祀	[illegible]	[illegible]
祖	[illegible]	[illegible]
祝	[illegible]	[illegible]
三	[illegible]	[illegible]
王	[illegible]	[illegible]
玨	[illegible]	[illegible]
气	[illegible]	[illegible]
中	[illegible]	[illegible]

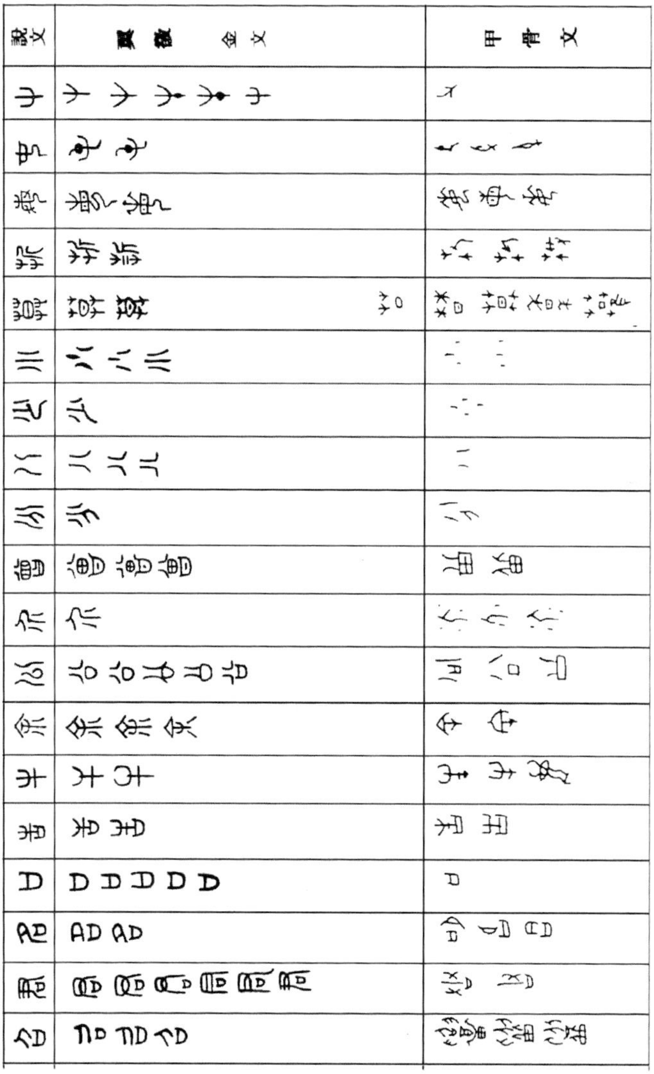

說文	翼徵 金文	甲骨文

說文	篆籀 金文	甲骨文
[illegible]	[illegible]	[illegible]
[illegible]	[illegible]	[illegible]
[illegible]	[illegible]	[illegible]
[illegible]	[illegible]	[illegible]
[illegible]	[illegible]	[illegible]
[illegible]	[illegible]	[illegible]
[illegible]	[illegible]	[illegible]
[illegible]	[illegible]	[illegible]
[illegible]	[illegible]	[illegible]
[illegible]	[illegible]	[illegible]
[illegible]	[illegible]	[illegible]
[illegible]	[illegible]	[illegible]
[illegible]	[illegible]	[illegible]
[illegible]	[illegible]	[illegible]
[illegible]	[illegible]	[illegible]
[illegible]	[illegible]	[illegible]
[illegible]	[illegible]	[illegible]
[illegible]	[illegible]	[illegible]
[illegible]	[illegible]	[illegible]

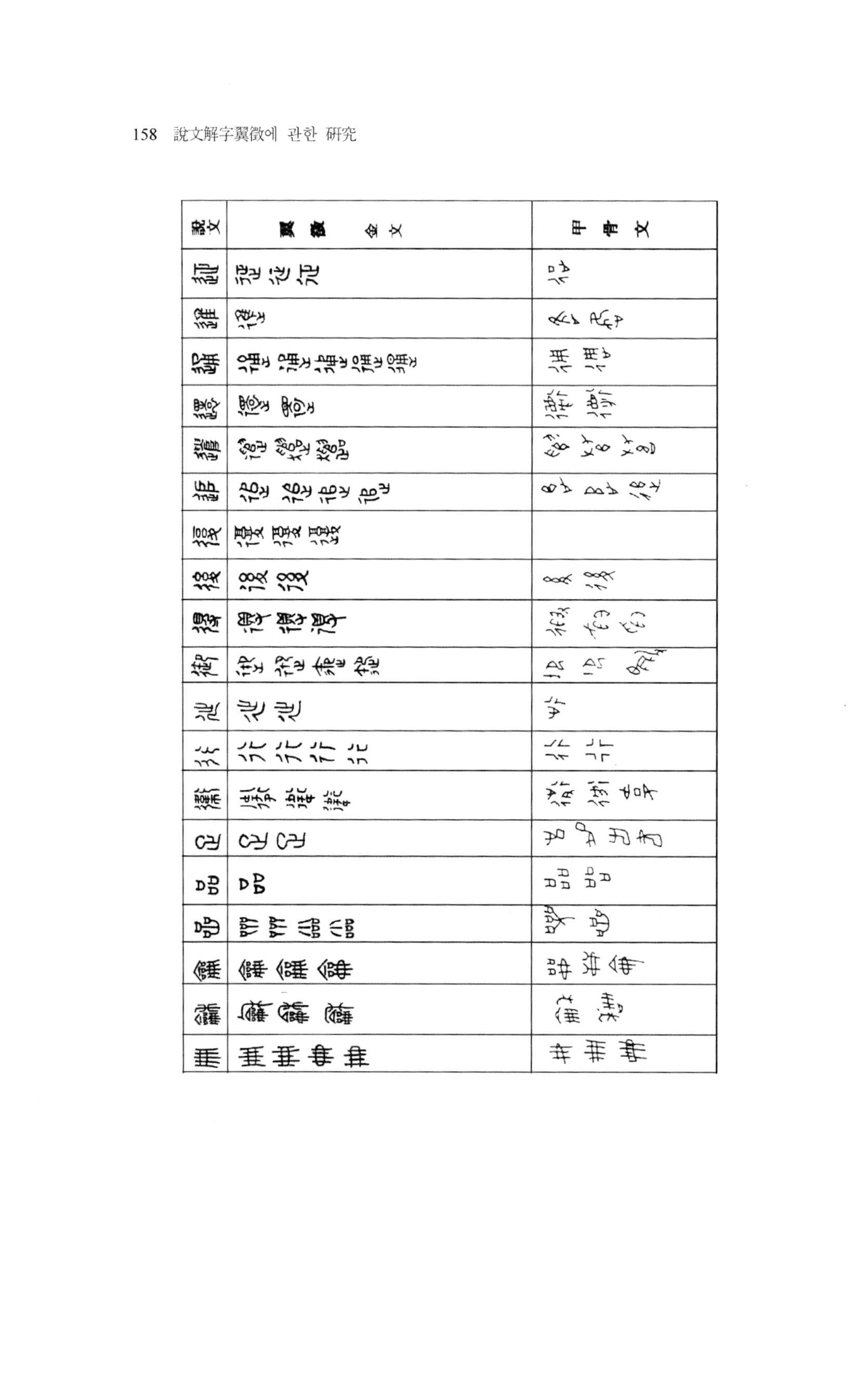

說文	翼徵 金文	甲骨文
[illegible]	[illegible]	[illegible]
[illegible]	[illegible]	[illegible]
[illegible]	[illegible]	[illegible]
[illegible]	[illegible]	[illegible]
[illegible]	[illegible]	[illegible]
[illegible]	[illegible]	[illegible]
[illegible]	[illegible]	
[illegible]	[illegible]	[illegible]
[illegible]	[illegible]	[illegible]
[illegible]	[illegible]	[illegible]
[illegible]	[illegible]	[illegible]
[illegible]	[illegible]	[illegible]
[illegible]	[illegible]	[illegible]
[illegible]	[illegible]	[illegible]
[illegible]	[illegible]	[illegible]
[illegible]	[illegible]	[illegible]
[illegible]	[illegible]	[illegible]
[illegible]	[illegible]	[illegible]
[illegible]	[illegible]	[illegible]

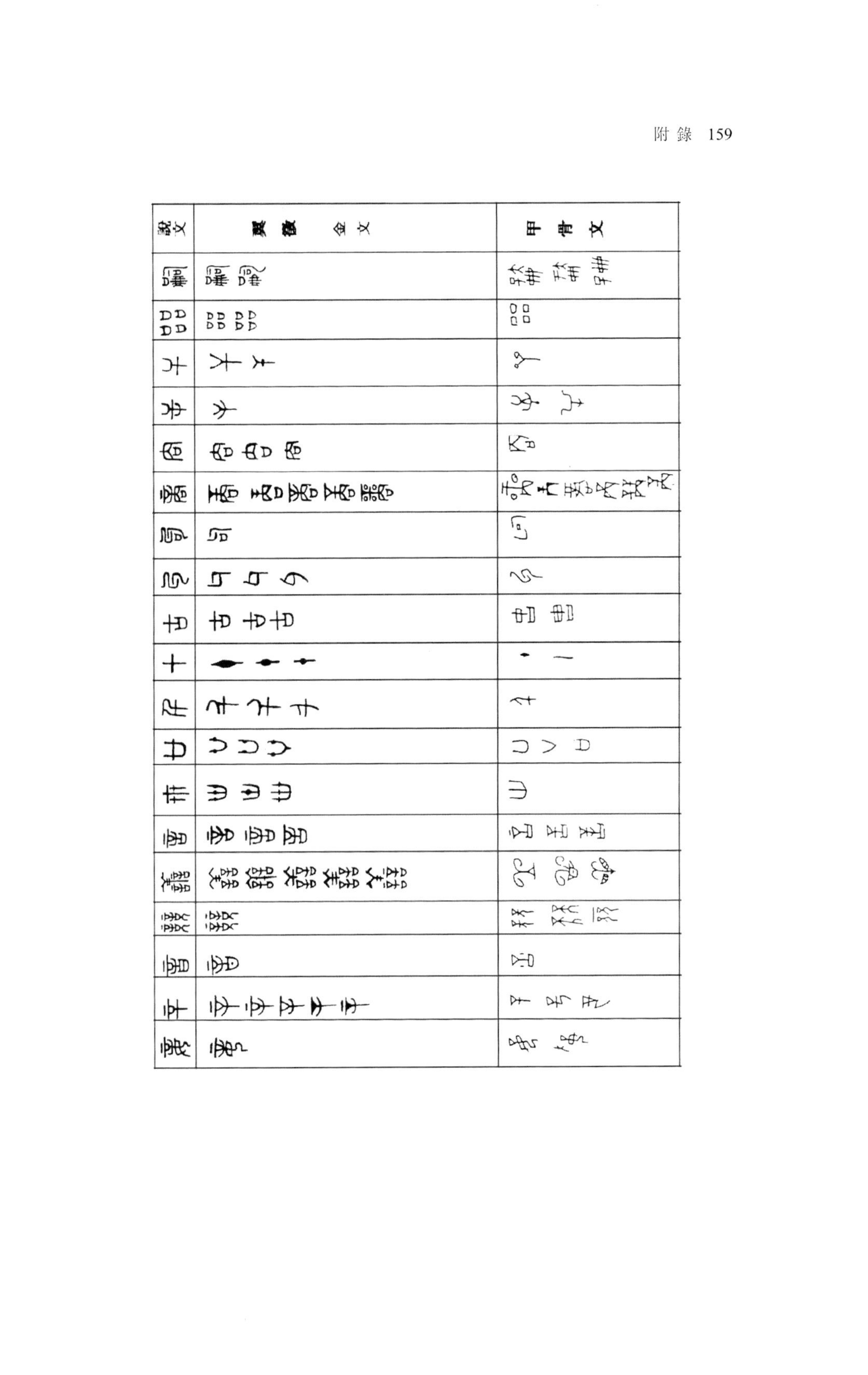

說文	殷周 金文	甲骨文

說文	翼徵 金文	甲骨文
[illegible]	[illegible]	[illegible]
[illegible]	[illegible]	[illegible]
[illegible]	[illegible]	[illegible]
[illegible]	[illegible]	[illegible]
[illegible]	[illegible]	[illegible]
[illegible]	[illegible]	[illegible]
[illegible]	[illegible]	[illegible]
[illegible]	[illegible]	[illegible]
[illegible]	[illegible]	[illegible]
[illegible]	[illegible]	[illegible]
[illegible]	[illegible]	[illegible]
[illegible]	[illegible]	[illegible]
[illegible]	[illegible]	[illegible]
[illegible]	[illegible]	[illegible]
[illegible]	[illegible]	[illegible]
[illegible]	[illegible]	[illegible]
[illegible]	[illegible]	[illegible]
[illegible]	[illegible]	[illegible]
[illegible]	[illegible]	[illegible]

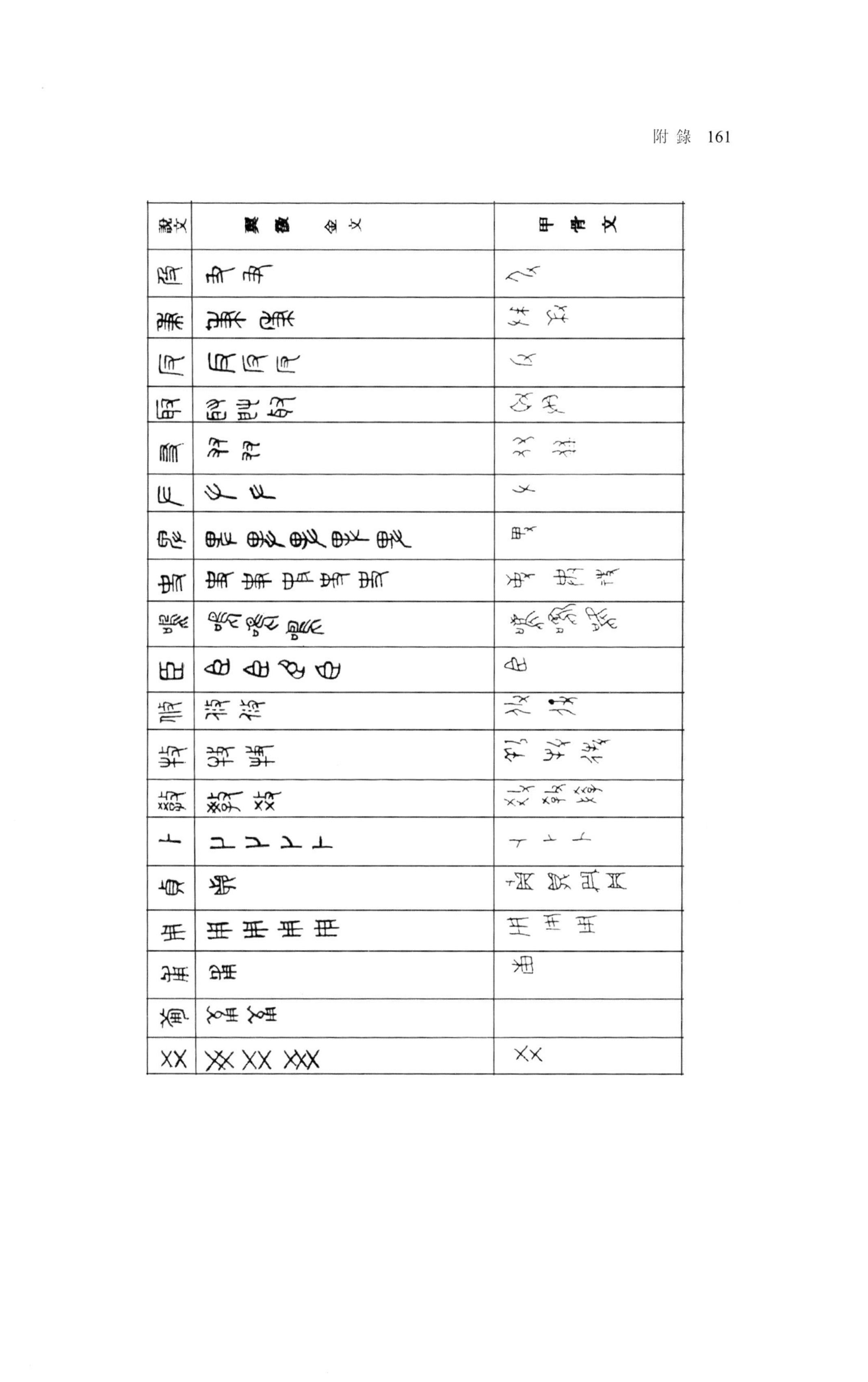

說文	[illegible] 金文	甲骨文

說文	翼徵 金文	甲骨文

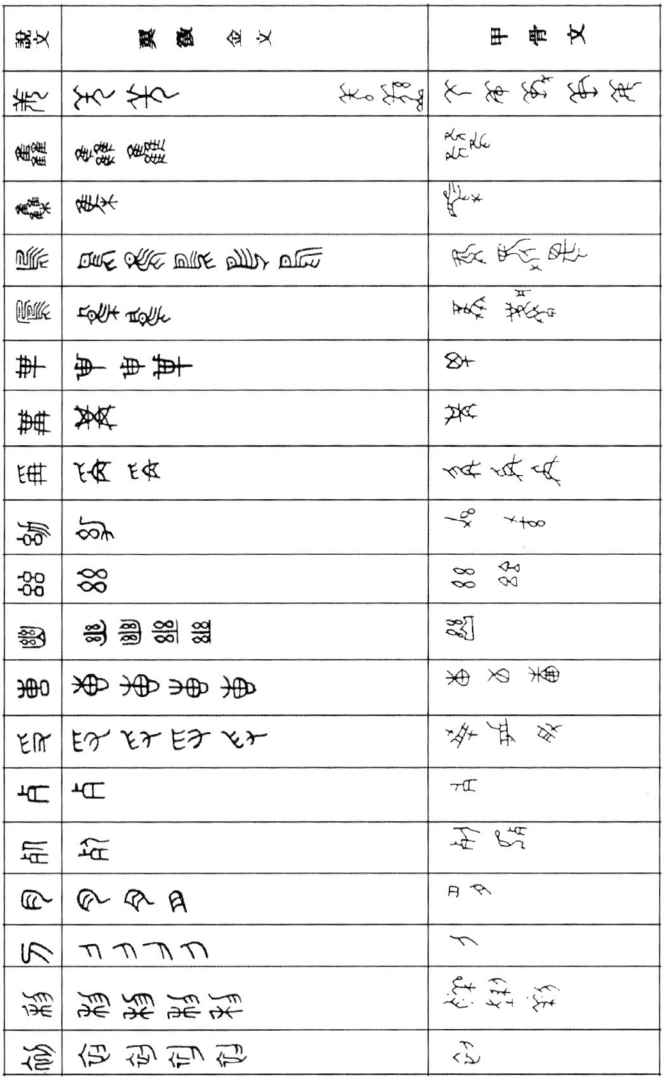

說文	殷周 金文	甲骨文
[illegible]	[illegible]	[illegible]
[illegible]	[illegible]	[illegible]
[illegible]	[illegible]	[illegible]
[illegible]	[illegible]	[illegible]
[illegible]	[illegible]	[illegible]
[illegible]	[illegible]	[illegible]
[illegible]	[illegible]	[illegible]
[illegible]	[illegible]	[illegible]
[illegible]	[illegible]	[illegible]
[illegible]	[illegible]	[illegible]
[illegible]	[illegible]	[illegible]
[illegible]	[illegible]	[illegible]
[illegible]	[illegible]	[illegible]
[illegible]	[illegible]	[illegible]
[illegible]	[illegible]	[illegible]
[illegible]	[illegible]	[illegible]
[illegible]	[illegible]	[illegible]
[illegible]	[illegible]	[illegible]
[illegible]	[illegible]	[illegible]

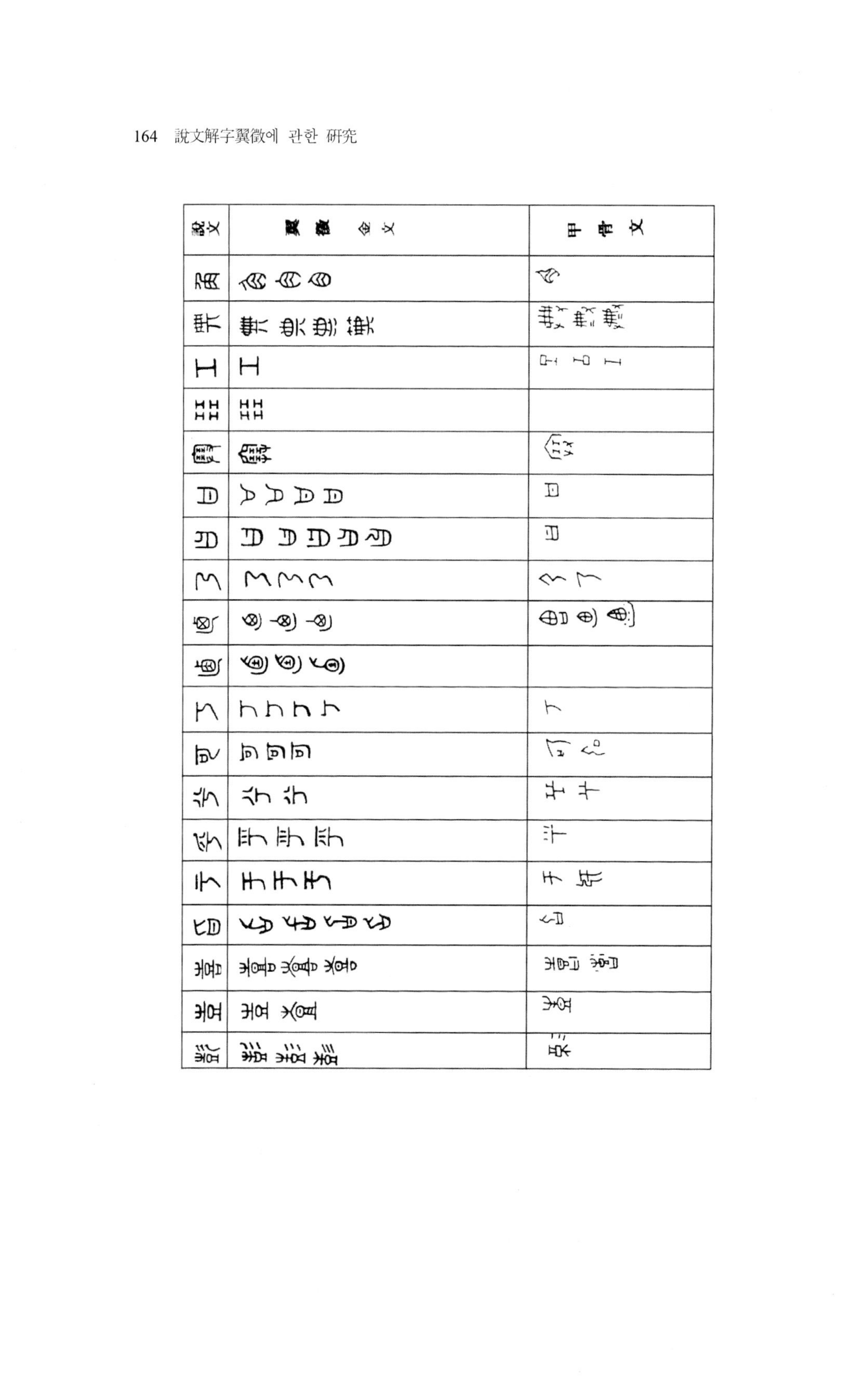

說文	翼徵 金文	甲骨文

說文	篆籀 金文	甲骨文

說文	翼徵 金文	甲骨文
[illegible]	[illegible]	[illegible]
[illegible]	[illegible]	[illegible]
[illegible]	[illegible]	[illegible]
[illegible]	[illegible]	[illegible]
[illegible]	[illegible]	[illegible]
[illegible]	[illegible]	[illegible]
[illegible]	[illegible]	[illegible]
[illegible]	[illegible]	[illegible]
[illegible]	[illegible]	[illegible]
[illegible]	[illegible]	[illegible]
[illegible]	[illegible]	[illegible]
[illegible]	[illegible]	[illegible]
[illegible]	[illegible]	[illegible]
[illegible]	[illegible]	[illegible]
[illegible]	[illegible]	[illegible]
[illegible]	[illegible]	[illegible]
[illegible]	[illegible]	[illegible]
[illegible]	[illegible]	[illegible]
[illegible]	[illegible]	[illegible]

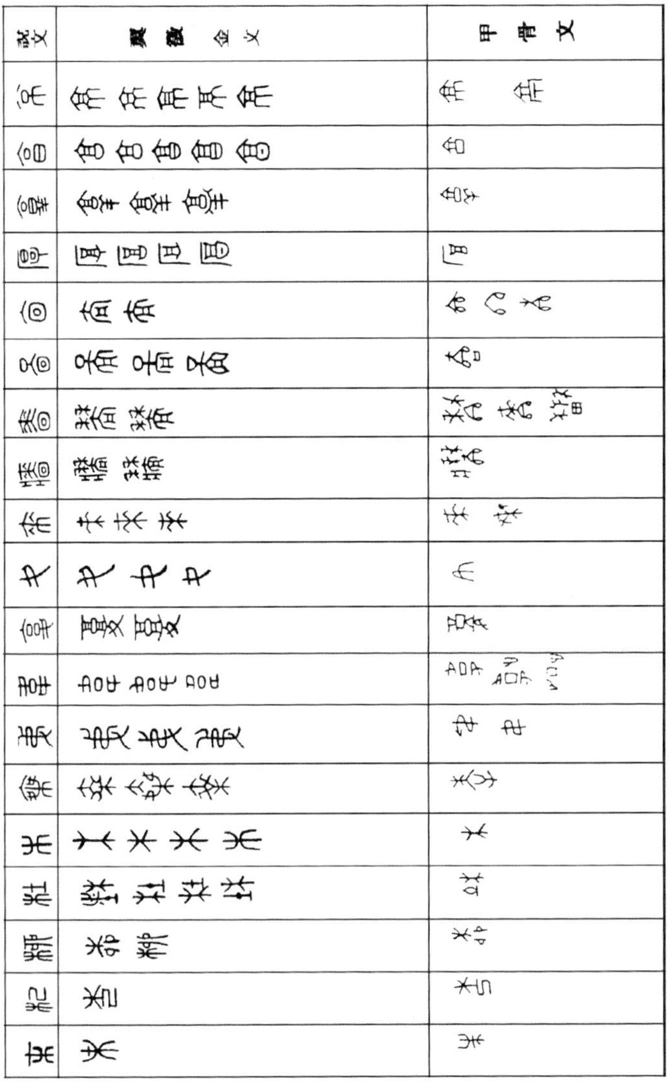

說文	殷周 金文	甲 骨 文
[illegible]	[illegible]	[illegible]
[illegible]	[illegible]	[illegible]
[illegible]	[illegible]	[illegible]
[illegible]	[illegible]	[illegible]
[illegible]	[illegible]	[illegible]
[illegible]	[illegible]	[illegible]
[illegible]	[illegible]	[illegible]
[illegible]	[illegible]	[illegible]
[illegible]	[illegible]	[illegible]
[illegible]	[illegible]	[illegible]
[illegible]	[illegible]	[illegible]
[illegible]	[illegible]	[illegible]
[illegible]	[illegible]	[illegible]
[illegible]	[illegible]	[illegible]
[illegible]	[illegible]	[illegible]
[illegible]	[illegible]	[illegible]
[illegible]	[illegible]	[illegible]
[illegible]	[illegible]	[illegible]
[illegible]	[illegible]	[illegible]

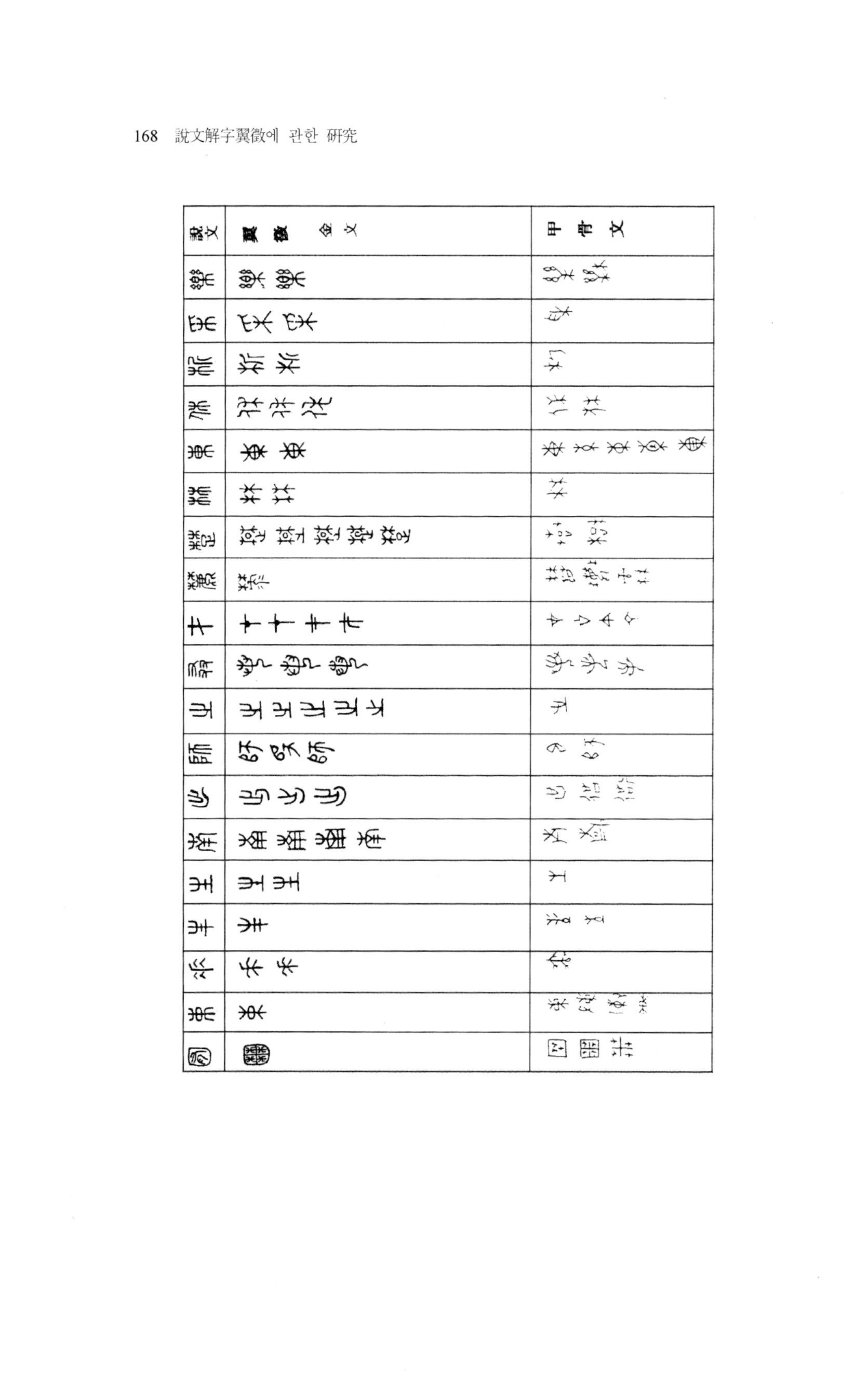

說文	翼徵 金文	甲骨文
[illegible]	[illegible]	[illegible]
[illegible]	[illegible]	[illegible]
[illegible]	[illegible]	[illegible]
[illegible]	[illegible]	[illegible]
[illegible]	[illegible]	[illegible]
[illegible]	[illegible]	[illegible]
[illegible]	[illegible]	[illegible]
[illegible]	[illegible]	[illegible]
[illegible]	[illegible]	[illegible]
[illegible]	[illegible]	[illegible]
[illegible]	[illegible]	[illegible]
[illegible]	[illegible]	[illegible]
[illegible]	[illegible]	[illegible]
[illegible]	[illegible]	[illegible]
[illegible]	[illegible]	[illegible]
[illegible]	[illegible]	[illegible]
[illegible]	[illegible]	[illegible]
[illegible]	[illegible]	[illegible]
[illegible]	[illegible]	[illegible]

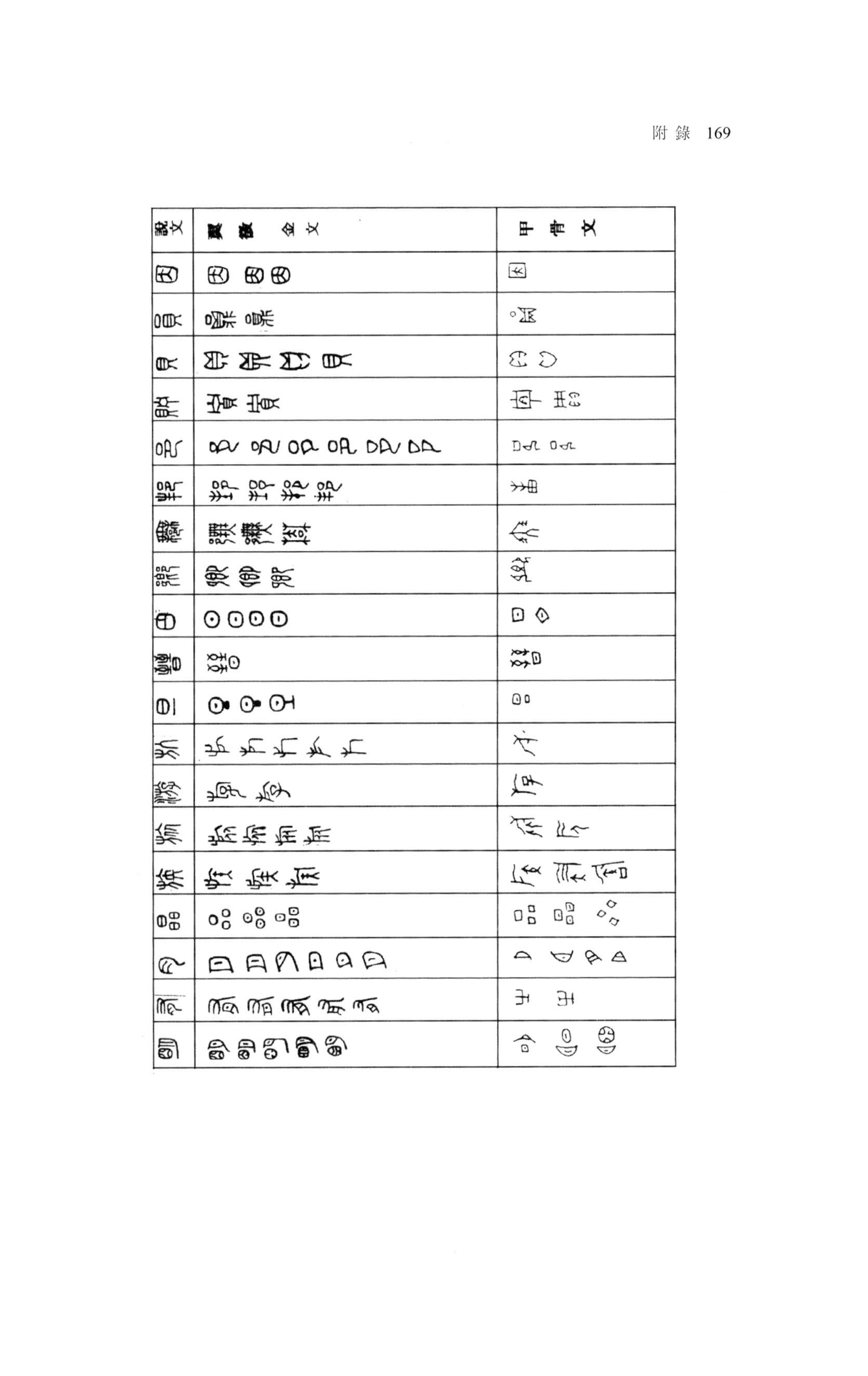

說文	殷 周 金文	甲 骨 文

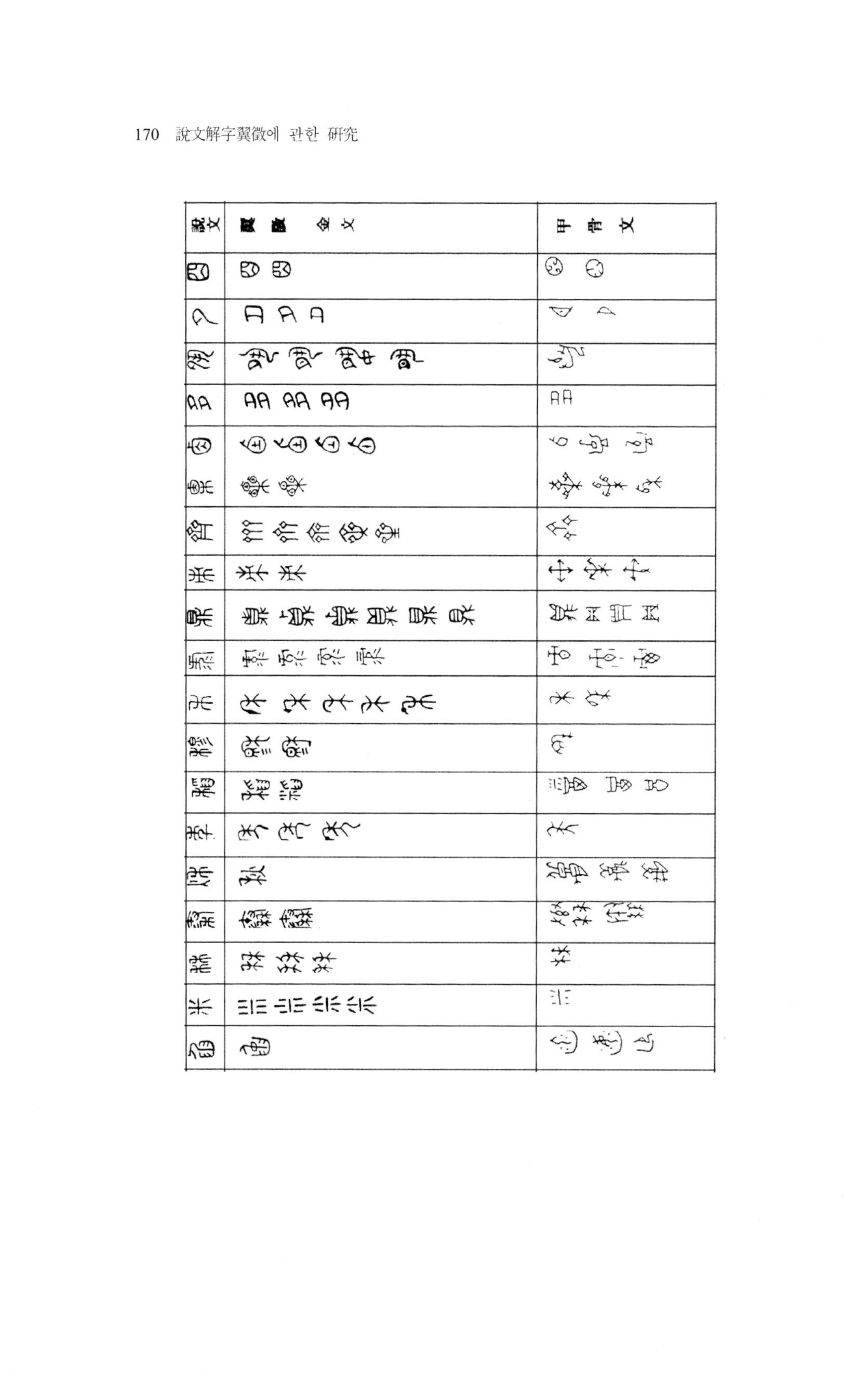

說文	殷周 金文	甲骨文
[illegible]	[illegible]	[illegible]
[illegible]	[illegible]	[illegible]
[illegible]	[illegible]	[illegible]
[illegible]	[illegible]	[illegible]
[illegible]	[illegible]	[illegible]
[illegible]	[illegible]	[illegible]
[illegible]	[illegible]	[illegible]
[illegible]	[illegible]	[illegible]
[illegible]	[illegible]	[illegible]
[illegible]	[illegible]	[illegible]
[illegible]	[illegible]	[illegible]
[illegible]	[illegible]	[illegible]
[illegible]	[illegible]	[illegible]
[illegible]	[illegible]	[illegible]
[illegible]	[illegible]	[illegible]
[illegible]	[illegible]	[illegible]
[illegible]	[illegible]	[illegible]
[illegible]	[illegible]	[illegible]
[illegible]	[illegible]	[illegible]

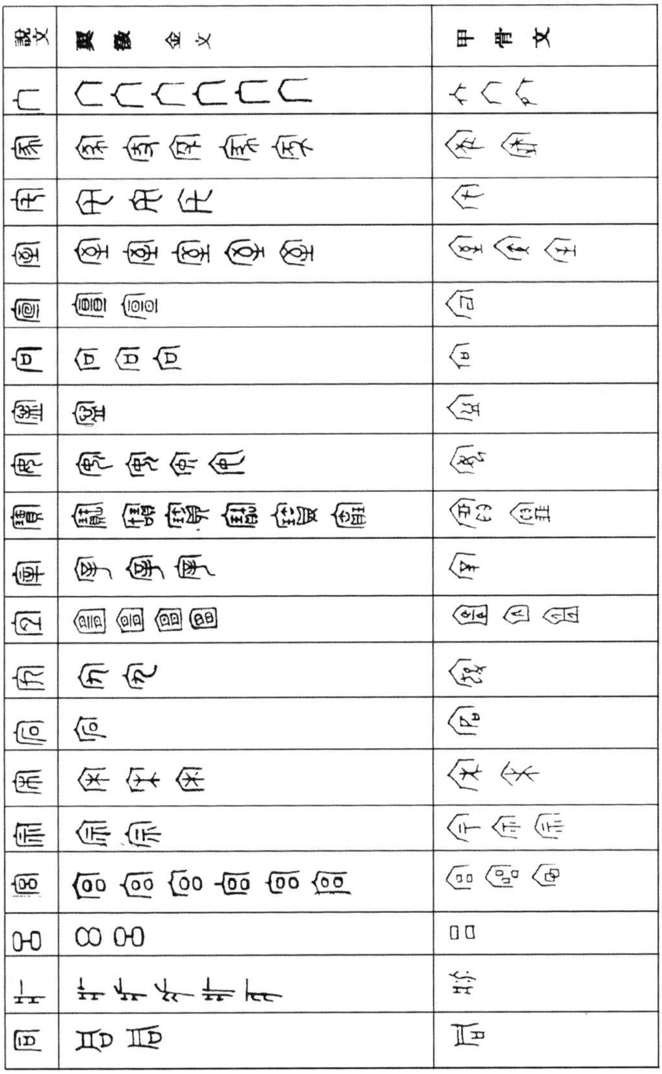

說文	[illegible] 金文	甲骨文

說文	翼徵 金文	甲骨文

說文	殷周 金文	甲骨文

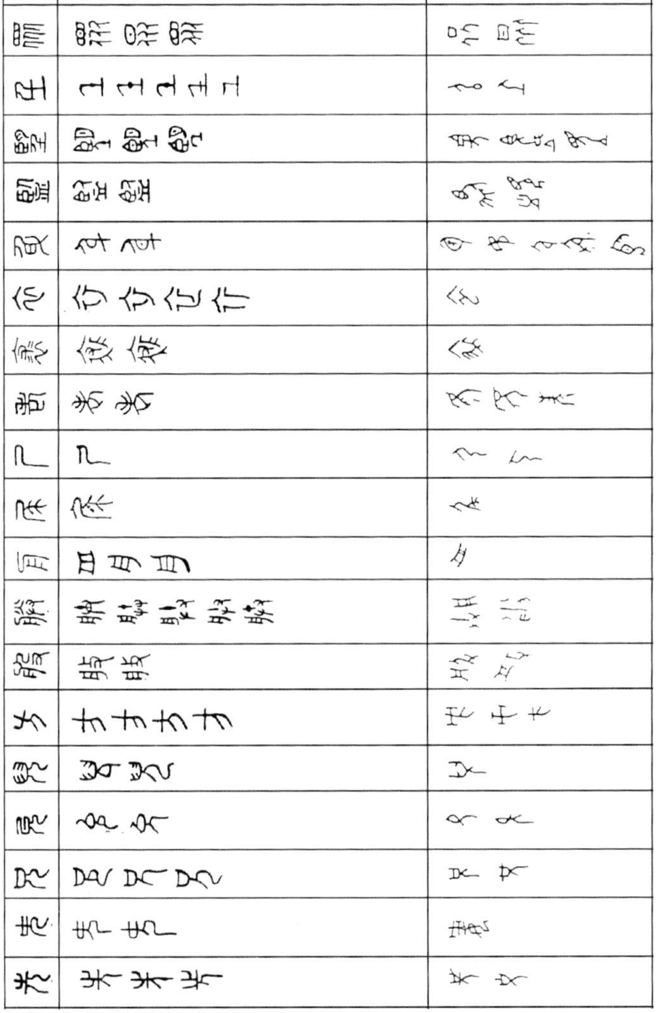

說文 翼徵 金文	甲骨文

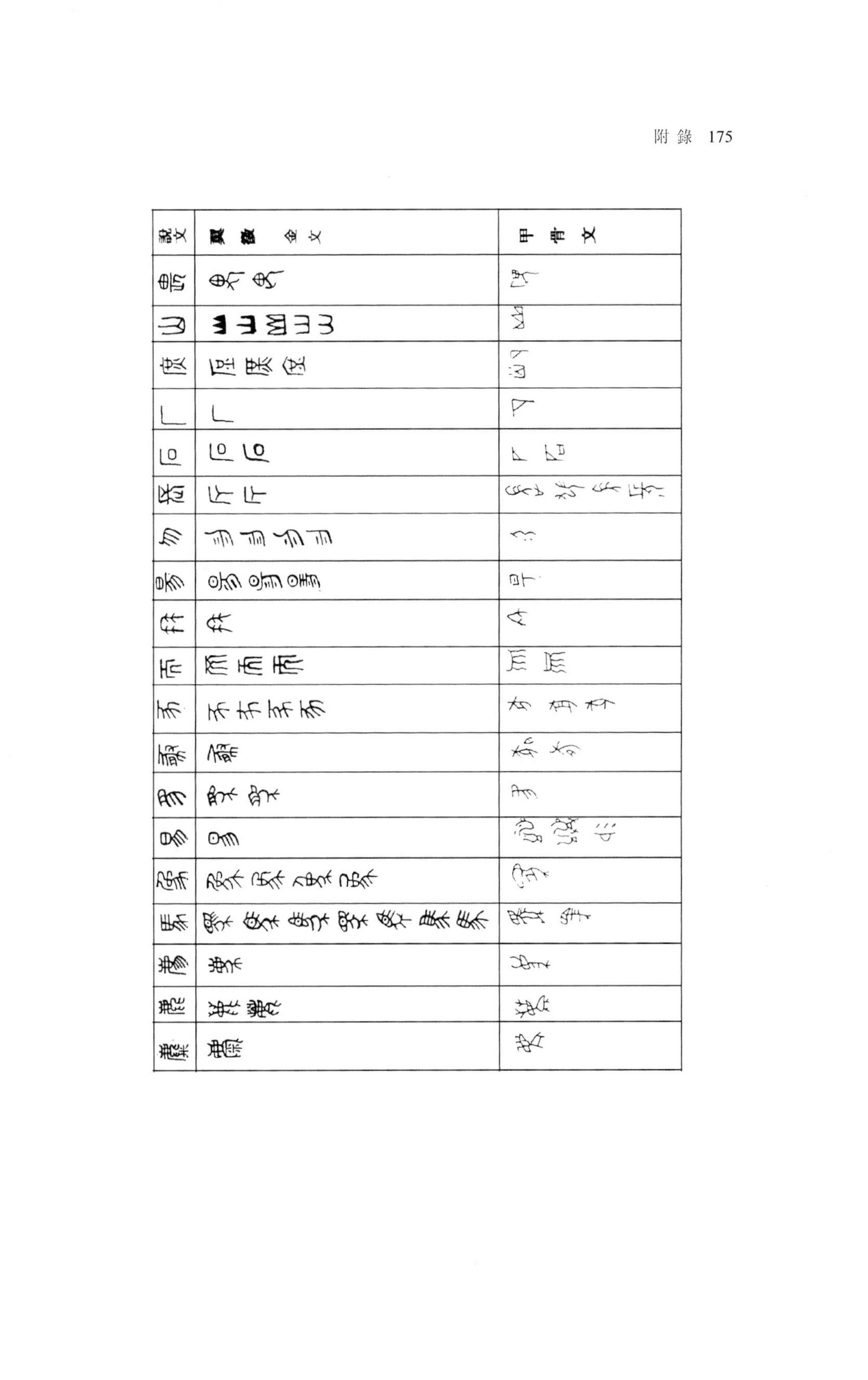

說文	[illegible] [illegible] 金文	甲骨文

說文	翼徵 金文	甲骨文

說文	殷 周 金文	甲骨文

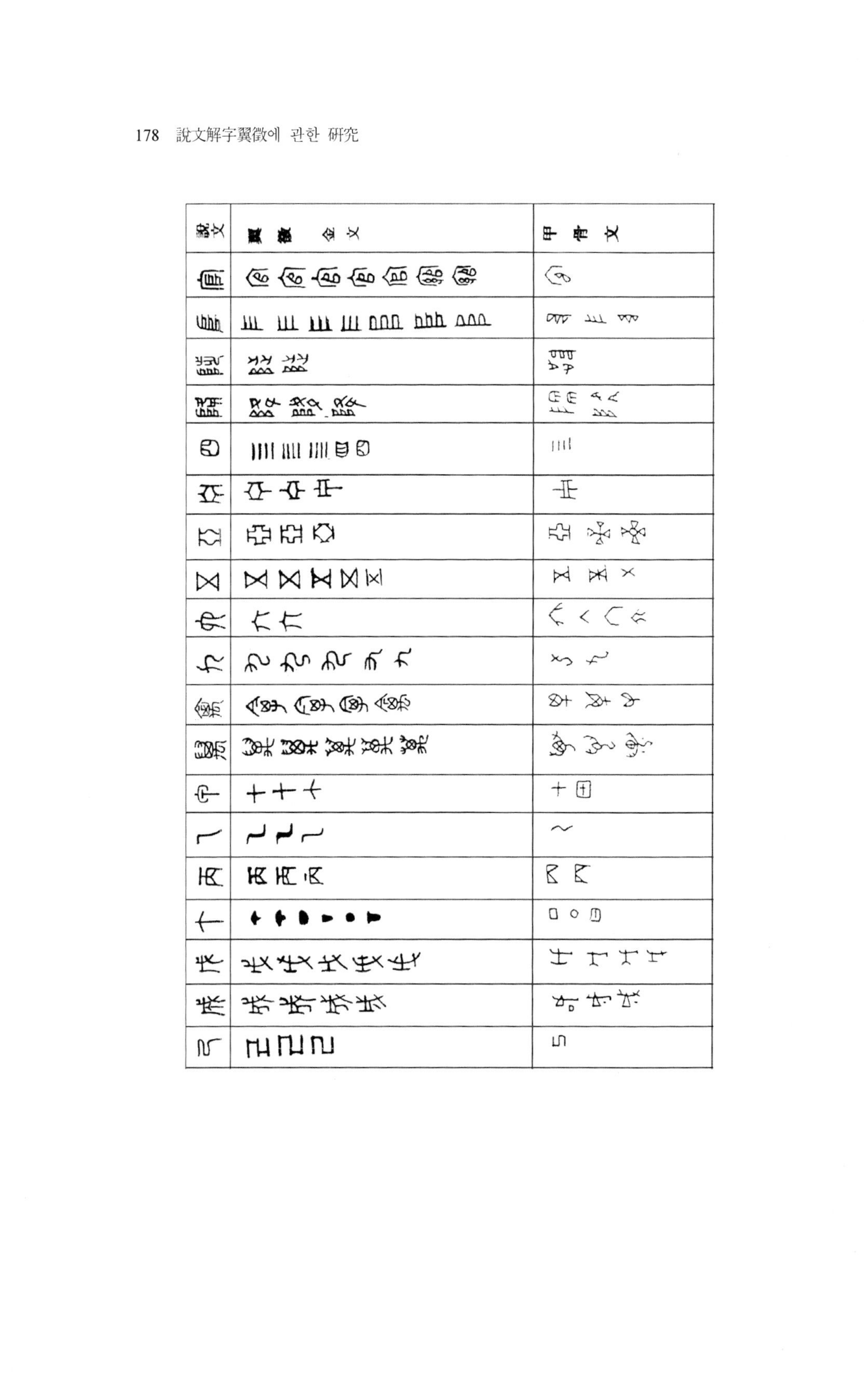

說文	翼徵 金文	甲骨文
[illegible]	[illegible]	[illegible]
[illegible]	[illegible]	[illegible]
[illegible]	[illegible]	[illegible]
[illegible]	[illegible]	[illegible]
[illegible]	[illegible]	[illegible]
[illegible]	[illegible]	[illegible]
[illegible]	[illegible]	[illegible]
[illegible]	[illegible]	[illegible]
[illegible]	[illegible]	[illegible]
[illegible]	[illegible]	[illegible]
[illegible]	[illegible]	[illegible]
[illegible]	[illegible]	[illegible]
[illegible]	[illegible]	[illegible]
[illegible]	[illegible]	[illegible]
[illegible]	[illegible]	[illegible]
[illegible]	[illegible]	[illegible]
[illegible]	[illegible]	[illegible]
[illegible]	[illegible]	[illegible]
[illegible]	[illegible]	[illegible]

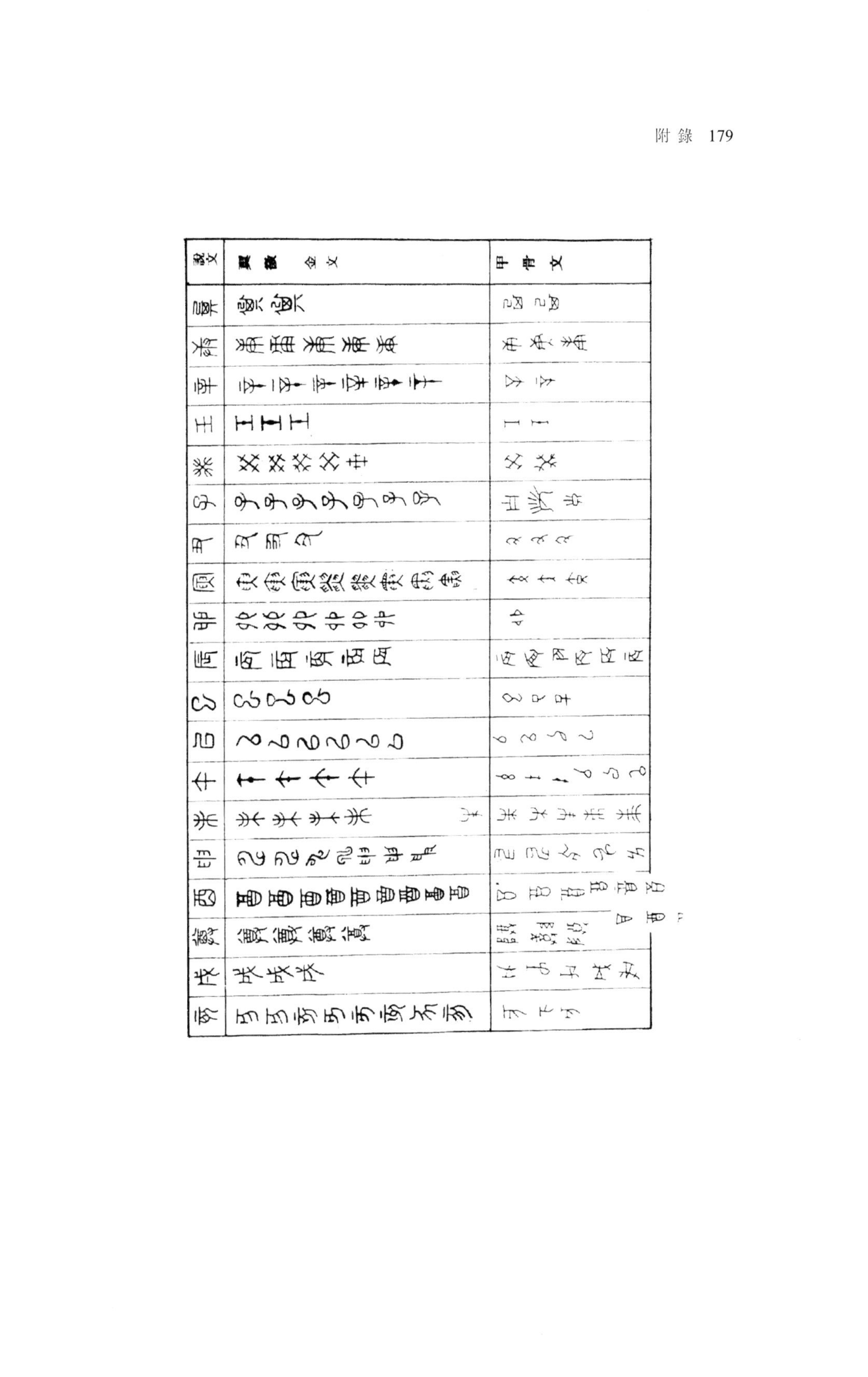

說文	篆籒 金文	甲骨文
[illegible]	[illegible]	[illegible]
[illegible]	[illegible]	[illegible]
[illegible]	[illegible]	[illegible]
[illegible]	[illegible]	[illegible]
[illegible]	[illegible]	[illegible]
[illegible]	[illegible]	[illegible]
[illegible]	[illegible]	[illegible]
[illegible]	[illegible]	[illegible]
[illegible]	[illegible]	[illegible]
[illegible]	[illegible]	[illegible]
[illegible]	[illegible]	[illegible]
[illegible]	[illegible]	[illegible]
[illegible]	[illegible]	[illegible]
[illegible]	[illegible]	[illegible]
[illegible]	[illegible]	[illegible]
[illegible]	[illegible]	[illegible]
[illegible]	[illegible]	[illegible]
[illegible]	[illegible]	[illegible]
[illegible]	[illegible]	[illegible]

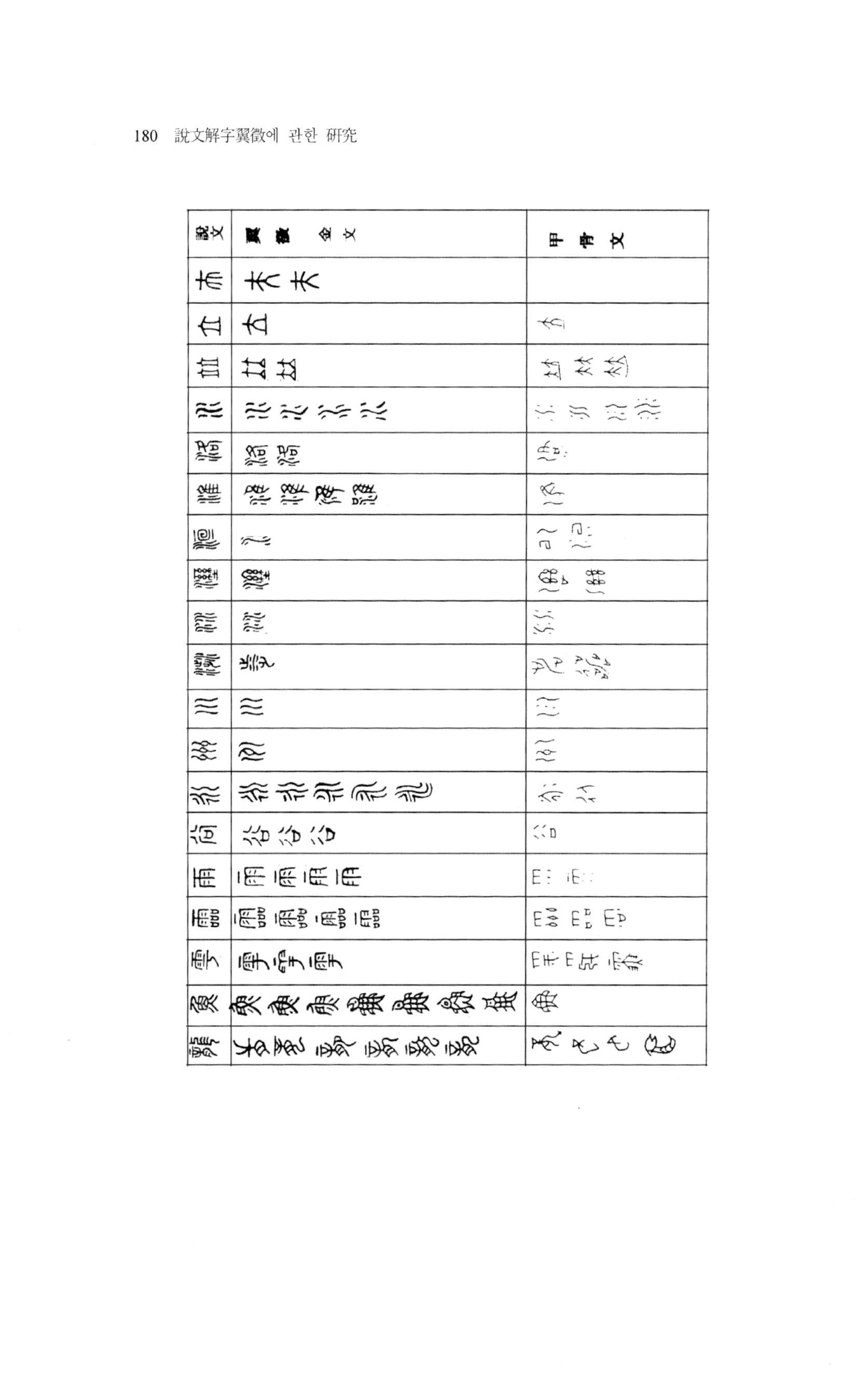

說文	翼徵 金文	甲骨文
[illegible]	[illegible]	
立	[illegible]	[illegible]
竝	[illegible]	[illegible]
[illegible]	[illegible]	[illegible]
[illegible]	[illegible]	[illegible]
[illegible]	[illegible]	[illegible]
[illegible]	[illegible]	[illegible]
[illegible]	[illegible]	[illegible]
[illegible]	[illegible]	[illegible]
[illegible]	[illegible]	[illegible]
川	[illegible]	[illegible]
[illegible]	[illegible]	[illegible]
[illegible]	[illegible]	[illegible]
[illegible]	[illegible]	[illegible]
雨	[illegible]	[illegible]
靁	[illegible]	[illegible]
[illegible]	[illegible]	[illegible]
[illegible]	[illegible]	[illegible]
[illegible]	[illegible]	[illegible]

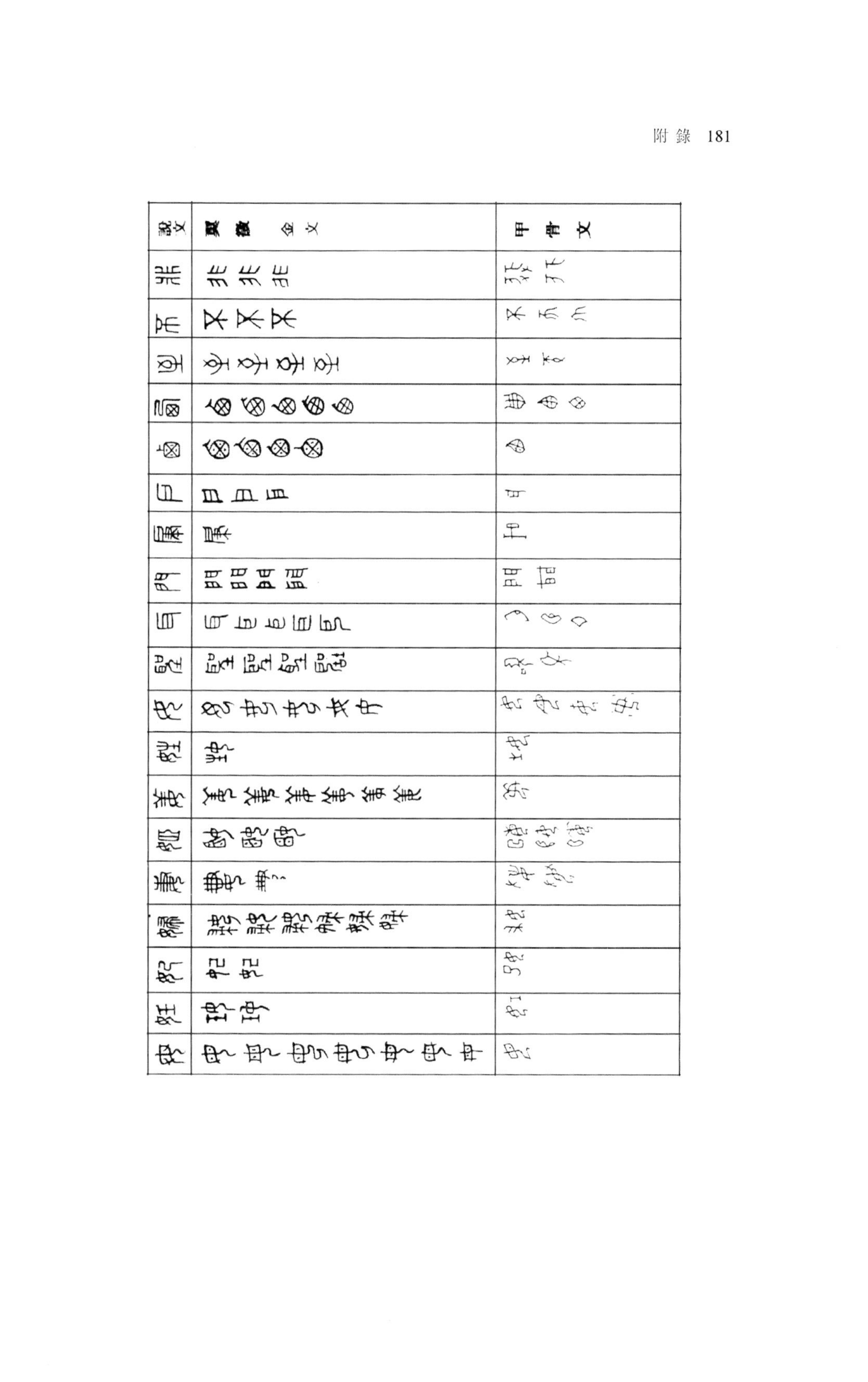

說文	殷周 金文	甲骨文
[illegible]	[illegible]	[illegible]
[illegible]	[illegible]	[illegible]
[illegible]	[illegible]	[illegible]
[illegible]	[illegible]	[illegible]
[illegible]	[illegible]	[illegible]
[illegible]	[illegible]	[illegible]
[illegible]	[illegible]	[illegible]
[illegible]	[illegible]	[illegible]
[illegible]	[illegible]	[illegible]
[illegible]	[illegible]	[illegible]
[illegible]	[illegible]	[illegible]
[illegible]	[illegible]	[illegible]
[illegible]	[illegible]	[illegible]
[illegible]	[illegible]	[illegible]
[illegible]	[illegible]	[illegible]
[illegible]	[illegible]	[illegible]
[illegible]	[illegible]	[illegible]
[illegible]	[illegible]	[illegible]
[illegible]	[illegible]	[illegible]

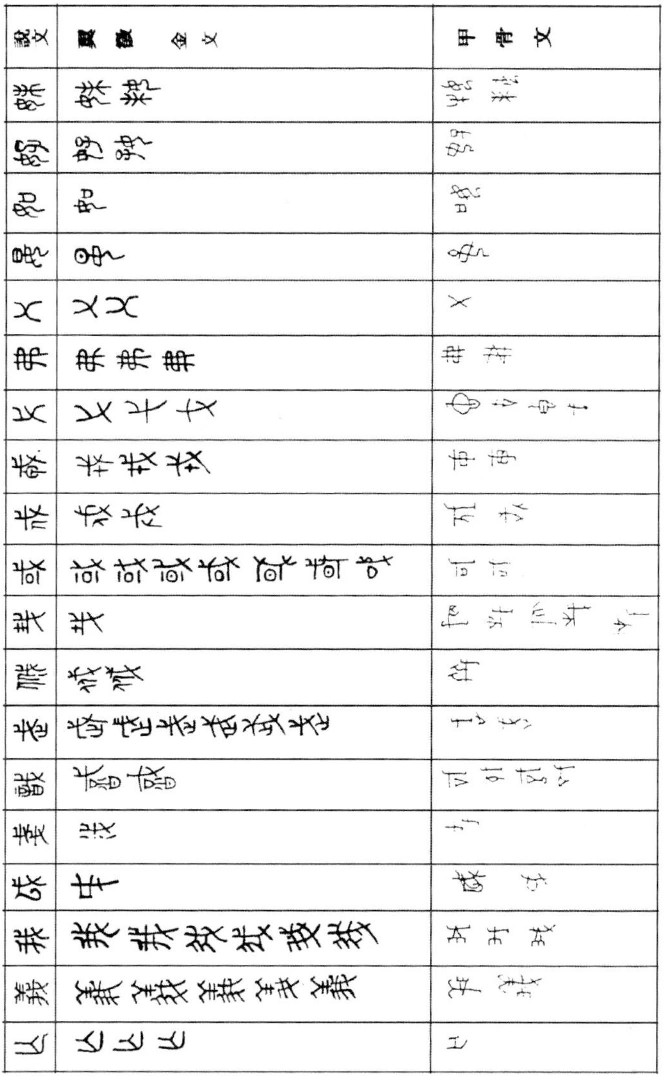

說文	翼徵 金文	甲骨文
[illegible]	[illegible]	[illegible]
[illegible]	[illegible]	[illegible]
[illegible]	[illegible]	[illegible]
[illegible]	[illegible]	[illegible]
[illegible]	[illegible]	[illegible]
[illegible]	[illegible]	[illegible]
[illegible]	[illegible]	[illegible]
[illegible]	[illegible]	[illegible]
[illegible]	[illegible]	[illegible]
[illegible]	[illegible]	[illegible]
[illegible]	[illegible]	[illegible]
[illegible]	[illegible]	[illegible]
[illegible]	[illegible]	[illegible]
[illegible]	[illegible]	[illegible]
[illegible]	[illegible]	[illegible]
[illegible]	[illegible]	[illegible]
[illegible]	[illegible]	[illegible]
[illegible]	[illegible]	[illegible]

《중앙대학교. 1995.12 박사학위논문》

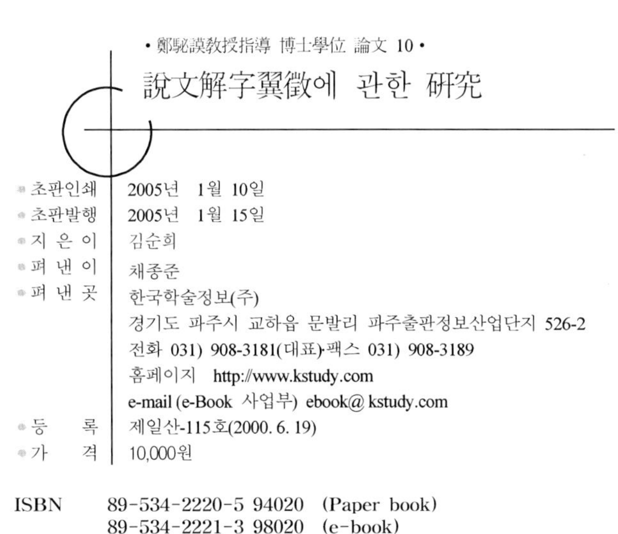
• 鄭駜謨教授指導 博士學位 論文 10 •

說文解字翼徵에 관한 硏究

- 초판인쇄 2005년 1월 10일
- 초판발행 2005년 1월 15일
- 지 은 이 김순희
- 펴 낸 이 채종준
- 펴 낸 곳 한국학술정보(주)

경기도 파주시 교하읍 문발리 파주출판정보산업단지 526-2
전화 031) 908-3181(대표)·팩스 031) 908-3189
홈페이지 http://www.kstudy.com
e-mail (e-Book 사업부) ebook@ kstudy.com

- 등 록 제일산-115호(2000. 6. 19)
- 가 격 10,000원

ISBN 89-534-2220-5 94020 (Paper book)
89-534-2221-3 98020 (e-book)
89-534-2200-0 94020 (Paper set)
89-534-2201-9 98020 (e-book set)